Dr. William Freiherr von Schröder

geb. Hamburg 26. 9. 1889, gest. Frankfurt a. M. 31. 7. 1963
bei einer Besprechung mit Frankfurter Lokalredakteuren

Aufnahme von Meier-Ude, 1959

WILLIAM FREIHERR VON SCHRÖDER

Das Geheimnis der Bethmännchen und andere Frankfurter Merkwürdigkeiten

Herausgegeben von Margaretha Koch

Frankfurt am Main

Im Verlag von Waldemar Kramer

CIP-Titelaufnahme der Deutschen Bibliothek

Schröder, William Frhr. von:
Das Geheimnis der Bethmännchen und andere Frankfurter Merkwürdigkeiten / William Freiherr von Schröder. Hrsg. von Margaretha Koch. - 3. Aufl. - Frankfurt am Main : Kramer, 1989
ISBN 3-7829-0385-4

Dritte Auflage 1989

Der Brief Goethes an Christiane vom 12. September 1815 wurde freundlicherweise von den Nationalen Forschungs- und Gedenkstätten der klassischen deutschen Literatur in Weimar, Goethe- und Schiller-Archiv, zur Verfügung gestellt.

Druck W. Kramer & Co. Druckerei-GmbH, Frankfurt am Main

...Von Morgens bis Abends

ists unter meinem Fenster lebendig,

Tags laufe in der Stadt herum,

Menschen und Sammlungen zu sehen.

Frankfurt

stickt voll Merkwürdigkeiten.

Goethe an Christiane,
Frankfurt am Main, 12. September 1815

Inhaltsverzeichnis

III. Handel und Wandel

Vorwort

Schon zu William Freiherrn von Schröders Lebzeiten rieten ihm Freunde, seine Aufsätze, in denen viel gründliches Wissen steckt und manch halbvergessene Begebenheit am Rande der Geschichte wieder ans Licht gezogen wird, nicht in Tageszeitungen untergehen zu lassen, sondern ihnen die bleibende Buchform zu geben. Zahllose Blätter voll enggeschriebener Notizen in seinem Nachlaß zeugen davon, daß der Autor diesem Rat folgen, jedoch den Inhalt zum Teil vertiefen und ihn in leicht lesbaren Stil kleiden wollte. Die Durchführung dieser Absicht ist ihm nicht mehr vergönnt gewesen; denn bis zu seiner letzten kurzen Krankheit im Juli 1963 stand der Dreiundsiebzigjährige im selbstgewählten Dienst der Tagesaufgaben, ohne sich Zeit für eigene Rückschau zu nehmen.

Im Frankfurter Stadtarchiv, in den Bibliotheken der Stadt und im Freien Deutschen Hochstift sah man ihn unermüdlich dem Leben Frankfurter Persönlichkeiten nachspüren und Ereignisse studieren, die für Frankfurt von Bedeutung gewesen waren. Auch mündlich holte er sich Auskünfte von Archivleitern und Vortragenden und dankte es ihnen durch genaue Quellenangabe und gewissenhafte Treue gegenüber der Historie. Er war ein Journalist, auf den man sich verlassen konnte. Wer über die Themen, die er behandelt hat, Näheres wissen möchte — und viele von ihnen entstammen dem Rüstzeug der Frankfurtensien, deren Kenntnis gewissermaßen zum guten Ton der Frankfurter Gesellschaft gehört —, braucht nicht erst in verstreuten Archivalien nachzuschlagen. Diese mühsame Kleinarbeit hat William von Schröder seinen Lesern abgenommen und die Aufsätze in eine Form gebracht, von der er hoffen konnte, daß sie gern gelesen würde.

Gleich manchen der liebevollsten Darsteller der Frankfurter Geschichte — wir denken an Bothe und Lübbecke — war auch Schröder kein gebürtiger Frankfurter. Er entstammte der Hamburger Bankiersfamilie von Schröder, in der nach Hanseaten-Art Handel und Wirtschaft den Vorrang haben. Aber entgegen dieser Tradition widmete er sich während seines Studiums in Heidelberg, Freiburg und Kiel der Philosophie, Theologie und der Kunstgeschichte. Diese Neigung mag in ihm durch den Besuch des berühmten Lübecker Gymnasiums, des Katharineums, bestärkt worden sein, zu dessen Schülern schon Emanuel Geibel, Theodor Storm und Thomas Mann gehört hatten. William von Schröder promovierte 1921 in Kiel mit einer Arbeit über „Gottfried Arnold. Studien zu den deutschen Mystikern des siebzehnten Jahrhunderts“ und blieb zunächst in Kiel als Feuilletonist der „Kieler Nachrichten“ und des „Hamburger Fremdenblattes“. Als er 1945 an den Main übersiedelte und hier als freier Mitarbeiter der Redaktion „Zeitung für Frankfurt“ der „Frankfurter Allgemeinen Zeitung“ seßhaft wurde, fühlte er sich sehr bald heimisch. Die Atmosphäre dieser Stadt, ihre Mischung hoher geistiger Interessen und geschäftlicher Aktivität zog den ernsten, nicht immer leicht zu nehmenden Norddeutschen in ihren Bann. Ihn fesselte die Art und Weise, wie die Stadt am Main seit dem frühen Mittelalter ihre Aufgabe am Schnittpunkt der Nord-Süd- und Ost-West-Verbindungen gemeistert hatte: als Messestadt Treffpunkt zu sein von Kaufleuten und Gelehrten aus aller Welt; als freie Reichsstadt den Glaubensflüchtlingen anderer Länder Schutz und Sicherheit zu gewähren; als Krönungsstadt Glanz und Prunk zu entfalten und die herbeiströmenden Menschenmassen reibungslos unterzubringen.

Schröder selbst war kein Mann der Öffentlichkeit, aber er liebte es, Persönlichkeiten des öffentlichen Lebens aus dem Blickpunkt des Chronisten zu betrachten, ihre Vorzüge herauszustellen und ihre Schwächen zu ironisieren, ob sie nun mitten im Leben der Gegenwart standen oder ob Jahrhunderte über sie hinweggezogen waren. Ihm lag es, diese Jahrhunderte vergessen zu machen, sich und seine Leser in frühere Zeiten zu versetzen und diese so zu schildern, als ob sie gegenwärtig wären. Indem er die Lebenswege anderer nachvollzog, wurde er zu einem vorzüglichen Kenner der Frankfurter Stadtgeschichte. Wenn er mündlich aus seinem Wissensschatz plauderte — und er tat es gern, denn er liebte das Gespräch —, war es ein Vergnügen, ihm zuzuhören. Manche seiner Frankfurter Schilderungen könnte man unter das Motto stellen: „Berühmte Leute in berühmten Häusern." Denn diese Häuser an der Zeil, am Hirschgraben, am Römerberg, an denen das Herz der Frankfurter hängt und die zum größten Teil nicht mehr erhalten sind, erstehen aufs neue vor dem Leser, nicht in musealer Kühle, sondern erfüllt mit reizvollen Szenen aus dem Leben berühmter Dichter, Drucker, Schauspieler, Kaufleute, Gelehrter und Politiker. Mit sicherem Gespür fand Schröder auch heraus, was Goethe die „Merkwürdigkeiten" seiner Vaterstadt genannt hatte, und wenn wir eine von ihnen im Bilde festhalten, so ist es das Schillerdenkmal auf dem Römerberg, wo es — noch als Modell in Gips — als Höhepunkt des großen Festzuges am hundertsten Geburtstag des Dichters 1859 enthüllt wurde.

Der Gedanke lag nahe, die besten dieser Aufsätze über Frankfurt mit der freundlichen Genehmigung der „Frankfurter Allgemeinen Zeitung", in der die meisten von ihnen zuerst erschienen sind, zu dem vorliegenden Buch zusammenzufassen. Viele der interessantesten Arbeiten sind vor rund anderthalb Jahrzehnten geschrieben. Die Forschung, auf deren Spuren der Autor so gewissenhaft dem Geschehen nachging, hat inzwischen nicht stillgestanden. Es ist daher gewiß in seinem Sinne, daß wir, wo es nötig war, Ergänzungen hinzugefügt haben, auf die wir beim Nachweis der Erstveröffentlichung verweisen. So hat sich erst später ergeben, daß die amüsante Darstellung der fingierten Goethe-Geburtstagsfeier vom Jahre 1814 nicht von Goethes Freund Willemer stammt, sondern von dem Bruder der Rahel Varnhagen. Dies aber trat erst zutage, als das Cotta-Archiv im Schiller-Nationalmuseum zu Marbach ausgewertet wurde, was bei der Niederschrift des Aufsatzes noch nicht der Fall gewesen war.

Vielfach unterschieden sich auch die Manuskripte im Nachlaß und ihre Titel von ihrer Wiedergabe in der Zeitung, oder es lagen mehrere Fassungen des gleichen Themas vor, so daß wir die für die Buchform am besten geeignete Fassung ausgewählt haben. Es fanden sich auch Aufsätze, bei denen es aus Gründen ihres Umfangs oder der Einbeziehung verwandter Themen notwendig erschien, sie vorsichtig zu überarbeiten. Auch dies hoffen wir, im Sinne des Autors getan und dem Leser dadurch den Zugang zu entlegeneren Themen erleichtert zu haben, damit er mit Vergnügen nach diesem Vermächtnis William von Schröders greift.

Margaretha Koch

I

GASTFREUNDSCHAFT UND GESELLIGKEIT

Das Geheimnis der Bethmännchen

Auf keinem Altfrankfurter Weihnachtsteller durften neben Lebkuchen und Offenbacher Pfeffernüssen, Quittenpaste, Zimtsternen und Brenten die kugelrunden Bethmännchen als Krone aller Süßigkeiten fehlen. Als jüngere Geschwister der Brenten, die ebenfalls aus Marzipanmasse bestehen, übertrafen sie deren Beliebtheit noch; aber über ihre Herkunft, über die Zeit ihres ersten Auftauchens und ihren Namen haben die Frankfurter sich weidlich die Köpfe zerbrochen. Unter den 1337 Rezepten, die Wilhelm Schünemann, der Chefkoch des einst berühmten Hotels „Zum Weißen Schwan", 1842 in seinem „Neuesten Frankfurter Kochbuch" veröffentlichte, sucht man sie im Register vergebens. Dieser Gastronom hat sie noch nicht gekannt.

Da man bei allem besonders Guten geneigt war, dem Ausland die Erfinderehre zuzuerkennen, behaupteten einige Bürger, daß ein Bethmann das Rezept aus Frankreich mitgebracht habe, oder daß ein in seinem Dienst stehender Pariser Koch der Erfinder gewesen sei. Dem widersprach von vornherein, daß die Bethmännchen aus ortsüblicher Brentenmasse bestehen. Andere wollten sogar wissen, daß der Name überhaupt nicht von der Familie Bethmann herrühre, weil die an den Kugeln haftenden halbierten Mandeln als „betende Hände“ zu deuten seien und es sich demnach um „Bet-Männer“ handle, eine Lesart, die vielfach für richtig befunden wurde, weil ein Brauchtumsforscher vom Rang eines Friedrich Bothe ihr halbwegs zugestimmt hatte.

Erst ein genauer Kenner der Bethmannschen Familienüberlieferung hat das erste Auftauchen der Bethmännchen um das Jahr 1840 angesetzt, zwei Jahre bevor der älteste Sohn Moritz des 1826 verstorbenen Staatsrats Simon Moritz von Bethmann nach seiner Heirat mit Maria Anna Wilhelmine von Bose einen eigenen Hausstand begründete. Hier sind die Bethmännchen nachweislich beim Nachmittagstee und zum Nachtisch aufgetaucht und hatten begeisterten Zuspruch. Dadurch fanden sie schließlich den Weg zu den Zuckerbäckern, deren noch erhaltene Aufzeichnungen bezeugen, daß für Bethmännchen von höchster Qualität die Fertigware käuflicher Marzipanmasse entschieden abgelehnt wurde. Die Mischung aus Eiern, Mandeln, Zucker und Rosenwasser mit einem möglichst geringen Zusatz von bestem Mehl wurde von den Konditoreien eigenhändig hergestellt. Nur feinster Brententeig kam in Frage.

Die engste Beziehung dieser Bethmännchen zu der Familienlegende ihrer Namengeber wird dadurch erwiesen, daß die anfängliche Vierzahl der halben Mandeln auf die vier Söhne des Staatsrats: auf Moritz, Karl, Alexander und Heinrich hindeuten. Als Heinrich 1845 mit vierundzwanzig Jahren in Koblenz gestorben war, wurde von den vier halben Mandeln eine fortgelassen. Bis zum heutigen Tag findet man an jedem Bethmännchen immer nur ihrer drei.

Das in Europa seinerzeit einzigartige Frankfurter Kochkunst-Museum, durch dessen Totalverlust im letzten Kriege eine Fundgrube von seltener Literatur, von Bildern, Servicen und Geräten aller Zeiten verschüttet worden ist, hat gezeigt, daß Frankfurts gastronomischer Ruhm sich auf eine jahrhundertealte Tradition gründet. Die Stadt der Messen, Krönungen und Fürstenkongresse, des führenden Bank- und Börsenplatzes, des früheren Bundestages und der Nationalversammlung hatte von jeher etwas darin gesucht, ihre auswärtigen Gäste mit erlesenen Mahlzeiten zu bewirten und ihnen komfortable Unterkünfte zu bieten.

Von den einst international berühmten Hotels der Innenstadt hat keines den Wandel der Verhältnisse überdauert, aber Briefe und Tagebücher ihrer Gäste bezeugen, daß man „allenthalben gar magnifik traktiert“ wurde, und daß Hotels vom Range des „Römischen Kaisers“ oder des „Russischen Hofes“ sich zeitweilig wie Residenzen einer Diplomaten-Prominenz und anderer hoher Gäste ausnahmen, die dort förmlich Hof hielten.

Schon seit 1680 gab es auf der Zeil das palastartige Hotel des „Roten Hauses“, eines Barockbaues mit einer Front von neunzehn Fenstern, dessen Ausstattung sogar die renommierten „Drei Mohren“ in Augsburg übertraf. Die Zimmerfluchten wurden an den Mainzer Kurfürsten und sein Gefolge wie auch sonst immer nur im Ganzen vermietet, bei Kaiser-Krönungen zu Preisen bis zu dreißigtausend Gulden. Der steinreiche Weinhändler Johann Jakob Günther war der Besitzer dieses Quartiers und bei hohen Herrschaften, denen er auch mit Geld aushelfen konnte, wohlangeschrieben und von ihnen mit Titeln dekoriert. Durch das Hauptportal seines Hauses hatten nur Personen von Rang mit Sonderausweisen Zutritt, zumal bei Festlichkeiten wie am 24. Februar 1689, als der Kaiserliche Resident Graf Boineburg am Hochzeitstag Josephs I. dem diplomatischen Korps und am folgenden Tage dem Frankfurter Senat mit einem Bankett aufwartete, bei dem drei Böllerschüsse den Auftakt für jeden Trinkspruch gaben. Die Front des Hauses erstrahlte im Glanz von zweiundfünfzig Wachsfackeln, während ein bronzener Reichsadler aus seinem Schnabel allem Volk abwechselnd weißen und roten Wein spendete und die illustren Gäste vom Balkon her Geld unter die Menge warfen.

Ebenfalls an der Zeil lag der „Russische Hof", ein Muster „großzügiger italienischer Palastarchitektur", wie Goethe ihn nannte. In der Halle, überdacht von einem pompösen Deckengemälde des Jannarius Zick, hielten an der Treppe zwei Löwenfiguren auf Marmorpodesten Wache. Die Wandverkleidungen des Festsaals im ersten Stock waren aus grünem und weißem Stuckmarmor, und Gemälde zeigten galante Szenen aus der antiken Mythologie.

Als drittes Hotel ersten Ranges empfing der am Roßmarkt gelegene „Englische Hof" sein Gepräge durch die Zusammenkünfte von Vertretern der Großfinanz mit fremden Diplomaten und durch seine Eignung für Bälle und Konzerte. Als Sehenswürdigkeit galt der Speisesaal mit Decken aus vergoldetem Stuck, mit Fresken romantischer Rheinlandschaften und der neuesten Errungenschaft einer Gasbeleuchtung, die in den „feenhaft“ strahlenden Kronleuchtern und Wandkandelabern bewundert wurde. Unter ihnen speisten die Gäste an zwei langen Tischen mit Platz für je hundert Personen. Im 19. Jahrhundert entsprach die Table d’hôte dem Unterhaltungsbedürfnis und der Anknüpfung neuer Bekanntschaften. Nur der berühmteste Gast des „Englischen Hofes“, Arthur Schopenhauer, liebte das enge Nebeneinander der Table d’hôte nicht: neben ihm mußte zu beiden Seiten seines Platzes ein Stuhl unbesetzt bleiben. Trotzdem blieb er durch siebenundzwanzig Jahre der tägliche Mittagsgast des Hotels. Die Publizisten des „Jungen Deutschland“ dagegen, die im „Englischen Hof“ zusammen mit dem Burgtheaterdirektor Heinrich Laube speisten, der als Mitglied des Paulskirchenparlaments in der Mainmetropole weilte, lehnten das in Wien übliche Speisen an kleinen Tischen ab und wollten auch bei den Mahlzeiten „an dem Sprudeln und Brausen neuester Ideen“ teilhaben. Laube lobte Frankfurt außerdem als „Akademie der Kellner“, weil er von ihrer gewandten Bedienung angetan war; nicht zu unrecht, denn sie hatten sich in den ersten Hotels von der Umgangsart ihrer aristokratischen Gäste eine gewisse Grandezza kultivierter Manieren angeeignet und wollten auch nicht als „Ober“, „Kellner“ oder „garçon“ tituliert werden, sondern als „Serviermeister“, die mit der Souveränität von Feldherrn die Garde ihrer Pikkolos dirigierten.

Ein bemerkenswertes Exemplar dieser Gattung war im Hotel „Zum Weißen Schwan“ am Steinweg der Serviermeister Volk, der Johann Peter Eckermann auffiel, als er sich mit Goethes Sohn August vor Antritt von dessen Italienreise am 23. April 1830 für einige Tage im

„Schwan“ einquartiert hatte. In einem Brief an Goethe vom 25. April 1830 schildert er sein Erstaunen darüber, daß der junge Mann mit zwanzig Jahren fünf Sprachen beherrschte und mit der verblüffenden Gewandtheit eines Jongleurs das Auftragen und Abservieren der Schüsseln und Teller allein besorgte, während das Personal ihm das Geschirr nur zuzureichen oder aus den Händen zu nehmen brauchte. „Obendrein nahm er noch alle Weinbestellungen entgegen und merkte sich den Preis jeder Sorte so genau, daß er am Ende das Kassieren ohne Notizblock vornahm.“ Eckermanns Erstaunen war um so berechtigter, als es zur Zeit der Ostermesse war und die Table d'hôte im „Schwan“ mit zweihundert Personen bis auf den letzten Platz besetzt war.

Wie der „Weiße Schwan“ trug gleichfalls am Steinweg auch der „Weidenbusch“ dazu bei, den Frankfurter Hotel- und Speisestil zu prägen, dessen Ruhm durch den Verfasser des „Lederstrumpf“ und des „Letzten Mohikaners“, James Fenimore Cooper, bis nach Amerika drang. Während eines Besuches bei seinem Frankfurter Verleger Johann David Sauerländer, der seine Bücher ins Deutsche übertrug, begeisterte Cooper sich an einem Rebhuhn à la Jardinère für die Frankfurter Küche so sehr, daß er nach Amerika berichtete, sie entspräche „dem Geschmack der ganzen zivilisierten Welt“.

Auch der dreistöckige „Weidenhof“ an der Zeil, einst im Besitz der Großeltern Goethes, Friedrich Georg und Anna Cornelia Goethe, war mit seiner zehnfenstrigen Fassade und seinem geräumigen Hof mit Stallungen und Remisen ein ansehnliches Haus, wenn auch kleiner als die Luxushotels der Zeil wie der „Römische Kaiser“ mit sei-

Der „Russische Hof" auf der Zeil, erbaut 1788

Nach einer Zeichnung von Sturm 1892
im Historischen Museum, Frankfurt a. M.

ner Front von sechzehn Fenstern, das „Rote Haus“, der „Russische“ und der „Darmstädter Hof“. Aber der Weidenhof galt als behaglich und war wegen seiner vortrefflichen Küche bei Einheimischen und Geschäftsreisenden renommiert. Aus dem Tagebuch der Hamburger Senatorentochter Henriette Harder von 1809 über ihre Reise an den Main spricht ihr Erstaunen über das internationale Publikum von Holländern, Türken, Russen und Franzosen an der wohlgedeckten Table d'hôte des „Weidenhofes“.

Die frühe Perfektion der Frankfurter Küche beruht nicht zum wenigsten auf den neuen Impulsen von seiten der belgischen und holländischen Emigranten des 16. Jahrhunderts und der nach dem Edikt von Nantes (1685) aus Frankreich zugewanderten Hugenotten, ist aber in den folgenden Jahrhunderten durch den Erfahrungsaustausch der Chefs der Hotelküchen mit ihren Kollegen aus den Privathaushalten der Patrizierfamilien weitergepflegt worden. In der Vorrede zu Wilhelm Schünemanns „Frankfurter Kochbuch“ von 1842 heißt es, daß diese privaten Dienstherren der Küchenchefs den Ehrgeiz hatten, „aus gastfreier Bewirtung und konfortablem Genuß einen Kultus zu machen“. Von den Häusern der Bethmanns, Gontards, Metzlers und Leonhardis, bei denen Madame de Staël die Runde machte, schreibt die verwöhnte Französin: „On y dîne parfaitement bien.“

Als sich nach der Eröffnung des Frankfurter Hauptbahnhofs (1888) der Fremdenverkehr mehr in dessen Nähe verlagerte, haben auch die dort entstehenden Hotels nicht gezögert, mit Neuerungen aufzuwarten. Als Höhepunkt damaliger Fortschrittlichkeit wurde schon in dem

1876 erbauten „Frankfurter Hof" am Kaiserplatz die Errungenschaft einer Dampfheizung bestaunt und eines Fahrstuhls, den man damals noch „Ascenseur" nannte.

Die Chefs der Frankfurter Hotelküchen haben den Ruhm ihrer Vorgänger bis in unsere Zeit bewahrt. Nach außen hin sichtbar wurde dies besonders, als vier von ihnen auf der Internationalen Kochkunst-Ausstellung von 1954, der „Hospes" in Bern, bei einem Wettbewerb mit Kollegen aus fünfzehn anderen Ländern Goldmedaillen als erste Preise erhielten.

Die Frankfurter selbst können sich einen Überblick über die Kochkunst ihrer Stadt auf den internationalen Kochkunstausstellungen, den IKAS, in ihren eigenen Mauern im Abstand mehrerer Jahre verschaffen.

Illustre Gäste im „Russischen Hof"

Wer 1783 auf der Zeil in Frankfurt Umschau hielt, fand an ihrer Nordseite zwischen primitiven zweistöckigen Fachwerkbauten, die als Logierhäuser oder Stallungen dienten, den Viehhof, der schon seit der Mitte des 16. Jahrhunderts mit einer Gaststätte verbunden war. An Markttagen wehte auf seinem Dach eine bunte Fahne mit überdimensionalen Abbildungen von Schweinen und Zuchtbullen.

Wer fünf Jahre später an diese Stelle kam, traute seinen Augen kaum, als er auf dem Platz des altersgrauen Viehhofes ein imposantes Bauwerk im Stil der italienischen Palastarchitektur fand, von Goethe als Zeuge einer „neuen Hauptepoche" großstädtischer Entwicklung bewundert. Der kurpfälzische Hofbaumeister Nicolas de Pigage hatte diesen Feudalbau für den deutsch-italienischen Guldenmillionär Franz Maria Schweitzer entworfen. Da die Innenausstattung mit einer Flucht festlicher Repräsentationsräume im ganzen ersten Stock erst 1794 vollendet war, hat der Besitzer selbst seinen Palazzo nur achtzehn Jahre bis zu seinem Tode 1812 bewohnt. Er hatte jedoch, bevor er den Viehhof seinerzeit abreißen ließ, sich dessen „Gastgerechtigkeit“ und Schankkonzession von der Baubehörde eigens bestätigen lassen in der Voraussicht, daß seine Nachkommen die Mittel zum Unterhalt des kostspieligen Baues nicht aufbringen könnten. Seine Erben ließen denn auch im Jahre 1827 den Prunkbau öffentlich versteigern. Den Zuschlag erhielt für 79 525 Gulden der Metzgermeister Johannes Stier, der damit seinem Schwiegersohn, dem Hotelier Johann Friedrich Adalberg Sarg, eine Existenz schaffen wollte. Dieser war ein geschäftstüchtiger Mann, der es verstand, den „Russischen Hof“, wie er sein Hotel nun nannte, in ein schon bald überall gerühmtes Haus allerersten Ranges umzuwandeln.

In Frankreich galt dieses Hotel als ein „Domicile des Aristocrates de tous les pays de l’Europe“, und als Bismarck in den Jahren 1851—1859 preußischer Bundestagsgesandter in Frankfurt war, legte er seiner Regierung den Ankauf des „Russischen Hofes“ wiederholt nahe, fand aber keine Resonanz bei der Berliner Bürokratie. König Wilhelm von Preußen hat jedoch in den 1860er Jahren mehrfach im „Russischen Hof“ gewohnt und von dort aus im Sommer 1864 die französische Kaiserin Eugénie, als sie zur Kur in Bad Schwalbach weilte, besucht. Ihr einziger

Sohn Kronprinz Lulu hat seine letzte Nacht auf europäischem Boden vor seiner Expedition nach Afrika, bei der er ums Leben kam, im „Russischen Hof" verbracht.

Da Frankfurt Sitz des Bundestages des Deutschen Staatenbundes und von 1866—1870 des Norddeutschen Bundes war, verkehrten im „Russischen Hof" selbstverständlich viele Diplomaten und Minister. An jedem Nachmittag um fünf Uhr trafen sie sich dort zu gemeinsamem Diner, bis infolge hitziger Diskussionen zwischen Deutschen und Österreichern die Herren aus Wien und das Militär zum Essen in den „Englischen Hof" am Roßmarkt übersiedelten. Erst nach der Besetzung Frankfurts durch die Preußen im August 1866 ließ sich die Generalität wieder herbei, an der Fünf-Uhr-Tafel im „Russischen Hof" zu erscheinen.

Während des Fürstentages von 1863 war der „Russische Hof" das Standquartier des blinden Königs von Hannover und des Hofstaates der übrigen Monarchen. Für das Bankett im Kaisersaal des Römers bereiteten die Köche des Hotels, das damals von den Brüdern Drexel übernommen worden war, das Menu zu, und auch der vielgerühmte Fürstenwein, der Rauenthaler 1853, stammte aus den Kellereien des Hotels.

Für die Unterzeichnung des Friedensvertrages mit Frankreich am 10. Mai 1871 hatte Bismarck gleichfalls den „Russischen Hof" vorgesehen. Ohne sein Wissen aber stieß die Kommission der preußischen Regierung seine Pläne um und mietete den „Weißen Schwan" am Steinweg dafür, weil während ihrer Anwesenheit das Straßenpflaster vor dem „Russischen Hof" ausgebessert wurde; sie hatte nicht bedacht, daß bis zum 10. Mai die Pflasterung und der damit verbundene Lärm längst beendet sein würden. Ohne diesen Schildbürgerstreich wäre dem „Russischen Hof“ vermutlich der Denkmalschutz zugute gekommen, anstatt daß dieses architektonische Juwel 1891 der Spitzhacke zum Opfer fiel, um für den Vorderbau des Reichspostgebäudes im Unstil der Gründerzeit Raum zu schaffen.

Komplott zur Befreiung Napoleons im „Roten Haus“ an der Zeil

Als Joseph Bonaparte, Napoleons ältester Bruder und Exkönig von Spanien, 1815 nach Amerika ausgewandert war und sich dort als Landwirt im Staate New Jersey eine neue Existenz geschaffen hatte, war seine Gattin Marie Julie in Europa zurückgeblieben. Unter dem Namen einer Gräfin Survillier bewohnte sie seit 1815 mit ihren beiden damals 13 und 14 Jahre alten Töchtern in Frankfurt auf der Zeil den Gartenpavillon des „Roten Hauses“, eines der besten Hotels auf dem Gelände der heutigen Hauptpost. Anspruchslos und unauffällig lebte die einst wegen ihrer Schönheit gefeierte Königin im freundschaftlichsten Einvernehmen mit der Familie des Hoteliers Johann Adam Diek, dessen Vater sich nach Frau Ajas Räumung ihres Hauses am Großen Hirschgraben bei dem Verkauf ihrer Weine die Spitzensorten aus dem Keller des Herrn Rat gesichert hatte.

Nach außen hin verhielt sich die Gräfin betont reserviert. Nur ihre intimsten Bekannten wußten, daß ihr Salon den immer noch zahlreichen Napoleon-Verehrern als

Treffpunkt diente. Deren Kult mit der Person des gestürzten Kaisers steigerte sich zu glühendem Enthusiasmus, seitdem General Gourgaud, der eine Zeilang Napoleons Exil auf St. Helena geteilt hatte, zu den Vertrauten der Gräfin Survillier zählte und erschütternde Einzelheiten über Napoleons Leben und Leiden auf der Insel zu berichten wußte. Die Pläne zu seiner Befreiung bildeten von nun an das Hauptthema der Unterhaltung in dem gräflichen Salon an der Zeil. Die meisten Vorschläge, bei denen sogar die Entführung im Luftballon erwogen wurde, erwiesen sich als absurd und verstiegen, zumal Gourgaud auf Grund seiner genauen Kenntnis der Verhältnisse auf St. Helena, besonders über die Stärke und Verteilung der Wachen, von jedem Gewaltstreich abriet. Jede offene Revolte etwa mit Hilfe der durch die Übergriffe des englischen Militärs aufgebrachten Eingeborenen würde sofort durch die Wachsamkeit der vor der Insel patrouillierenden britischen Kreuzer mit Waffengewalt vereitelt werden. Schließlich stimmte man Gourgaud zu, daß nur bei nächtlicher Dunkelheit und durch List die Befreiung Napoleons gelingen könne.

Für diesen Plan fiel Gourgauds Wahl auf den aus der Frankfurter Fahrgasse stammenden Globetrotter, Literaten und ehemaligen Offizier in französischen Diensten Johann Konrad Friederich, der sich in vielen Sätteln gerecht erwiesen hatte. Dieser sollte sich durch zwei Londoner Napoleon-Verehrer, einen mysteriösen Lord C... und einen Finanzmagnaten, mit Empfehlungsschreiben an alle maßgebenden Behörden nach Ostindien in Marsch setzen lassen. Dort sollte er sich — auch in Zeitungsartikeln — über den angeblichen Verlust seines gesamten

Vermögens beklagen und dann, im Besitz eines Schutzbriefes vom dortigen Gouvernement, mit einem nach England zurücksegelnden Schiff, das in St. Helena anlaufen würde, den britischen Befehlshaber Hudson Lowe um Beistand ersuchen. Unter dem Vorwand, eine Bronchitis auskurieren zu müssen, sollte er hustend und röchelnd seinen Aufenthalt in die Länge ziehen und in Jamestown auf St. Helena eine Gastwirtschaft eröffnen, um durch vorzügliche Getränke zu niedrigsten Preisen, auch auf Pump, ein Stammpublikum britischer Besatzungsangehöriger zu gewinnen. Bei Offizieren mit hohen Verbindungen sollte er großzügig das Ankreiden ihrer Trinkschulden vergessen und auch mit Schmiergeldern nicht sparen. Mit Hilfe dieser Militärpersonen sollte er dann seine Fühler bis zu Napoleans engster Umgebung ausstrecken und dafür sorgen, daß an dem für die Entführung geplanten Tag die Offiziere sämtliche Wachen mit ebenfalls bestochenen Soldaten besetzt hielten.

Von einer vorspringenden Steilklippe wollte man den Kaiser an Seilen auf eine Fischerbarke herablassen und dann auf ein in der Nähe bereitliegendes amerikanisches Handelsschiff in Sicherheit bringen. Um keinerlei Verdacht zu erwecken, sollten sich die amerikanischen Segler nie länger als einen Tag in der Nähe von St. Helena und in genügender Entfernung von den britischen Kreuzern aufhalten, damit sie auf deren Anrufe oder Flaggensignale nicht zu reagieren brauchten. Als Friederich diesen phantastischen Plan in Paris dem Lord C..., mit dem er dort mehrmals zusammentraf, unterbreitete und auch schon Genaueres mit ihm vereinbart hatte, warnte der Lord vor Übereilung. Außerdem wurde der Zusammenhalt der Verschwörer-Clique erschwert, als die Gräfin Survillier im Jahre 1820 von Frankfurt nach Brüssel übersiedelte. Als man dann endlich doch im Frühjahr 1821 den großen Schlag wagen wollte, machte am 5. Mai 1821 Napoleons Tod alle im „Roten Haus" ausgeheckten Pläne zunichte.

Die Geheimrezepte der Frau Aja

Im Herbst jeden Jahres, sobald die Frau Rat Goethe die von ihrem Sohn als „fabelhafte mythologische Produktionen" gepriesenen Frankfurter „Schwarten-Magen" und die „extraschönen" Kronberger Edelkastanien nach Weimar expediert hatte, erkundigte sie sich vorsorglich schon Ende Oktober nach Weihnachtswünschen. Wenn sie für Christiane einen Kleiderstoff aussuchen mußte, hielt sie in den verschiedensten Geschäften so lange gründlich Ausschau, bis sie die passende Farbe und Qualität gefunden hatte. Ehe sie für den Enkel August eine Weste, Leinen für Hemden und ein Harlekinkostüm für die nächste Fastnacht kaufte, wollte sie genau Bescheid wissen, ob der Stoff nach Frankfurter, nach Weimarer oder nach Pariser Elle abzumessen sei.

Sobald dann Frau Aja schon in den ersten Dezembertagen ihre Geschenke abgeschickt hatte, machte sie sich ans Kuchenbacken. Nach Geheimrezepten, die sie selbst ihrer besten Freundin nicht verraten hätte, standen schon bald in ihrer Speisekammer Blechdosen bis an den Rand voll mit Brenten, Lebkuchen, Zimtsternen und Anisplätzchen. Zehn Tage vor Weihnachten machte sie dann die Runde bei den „Conditors". Obwohl sie deren Namen verschweigt, hat sie sicherlich die in der Nähe ihres Witwensitzes „Zum Goldenen Brunnen“ am Roßmarkt gelegenen bekannten Geschäfte aufgesucht: J. D. Lepper und Valentin Prehn auf der Zeil, W. Rumpf an der Katharinenpforte und am Markt J. A. Engelhard.

Damit alles recht frisch blieb, schickte Frau Rat die Quittenpaste, die kandierten Früchte und Schokoladen erst wenige Tage vor dem Fest mit dem letzten Postwagen ab. „Daß zur rechten Zeit prächtiger Christtagskonfekt erscheinen wird, darauf gebe ich Euch mein Ehrenwort“, hatte sie am 2. Dezember 1803 versichert. Tatsächlich erschien pünktlich wie immer drei Tage vor Weihnachten der Postwagen vor dem Hause am Frauenplan. Aber der Postillon schaute recht mißmutig drein. Denn von dem Paket, das er Christiane einhändigte, hing die Papierhülle in Fetzen herab. Auch die Verschnürung war völlig gelockert. Schlimmes ahnend, lüftete Christiane den beblümten Deckel der heute noch im Goethehaus gezeigten Konfektschachtel. Gähnende Leere starrte sie an. Sogar die obenauf gelegten Bleisoldaten für August waren verschwunden. Alles Zetergeschrei beim Postamt nützte nichts. So blieb der Frau Rat keine andere Wahl, als ihrer Entrüstung brieflich Luft zu machen: „Daß die Schurken den Konfekt gefressen haben, hat mich geärgert. Erfahrung macht klug. Ein andermal sollen die Gaudiebe es wohl bleiben lassen.“ Sie mußten es bleiben lassen, denn an den beiden nächsten Weihnachten (1804 und 1805) hatte die findige Frau Rat ihre Konfektschachtel durch Verpackung in eine fest eingenähte Leinenhülle gegen räuberische Zugriffe gesichert und ihre Weimarer Lieben damit vor abermaligen Enttäuschungen bewahrt.

Frankfurter Marzipan, das „seltsam herrliche Geschleck"

Unbestimmten Geschlechts, nach Belieben männlich oder sächlich, soll „der" oder „das" aus Italien stammende Marzipan bei uns anno 1407 in Lübeck und bald danach in Königsberg und Danzig aufgetaucht sein, somit zuallererst an der Wasserkante, wohin der damals immer noch rare, teure Puderzucker zu Schiff aus dem Orient gelangte, auf dem gleichen Seeweg wie Mandeln und Rosenwasser, die durch Vermengung mit feinstem Mehl und wenig Ei den Brei der Marzipanmasse ergeben. Da Venedig, der Umschlagplatz für den europäischen Gewürzhandel, als Heimat des Marzipans gilt, wollte man dessen Namen von Sankt Markus, dem Schutzpatron der Lagunenstadt, herleiten oder auch von einem „Panis Marci", das während einer Teuerung in Form von Miniaturbrötchen auf dem Markusplatz unter Bettlern verteilt worden sein sollte. Feinstes Konfekt als Brotersatz? Weit plausibler wirkt die Ableitung von „Marzepane", von einer Schachtel zur Aufbewahrung einer Mandelkonfiture, die als Vorläuferin des eigentlichen Marzipans galt.

In Deutschland waren dessen Hersteller nicht etwa die Zuckerbäcker, sondern die Apotheker, die durch findige Beimischung von aromatischen Duftessenzen außer dem Gaumen auch der Nase einen Anteil an dem Genuß des „seltsam herrlichen Geschlecks" vergönnen wollten und obendrein noch dem gesamten Komplex erotischer Regungen, auf deren Anreizung bei Torten die dekorativen Zutaten der von Flammen umzüngelten Herzen abzielten. Im Unterschied von allem sonstigen Konfekt wurde nur das Marzipan als Aphrodisiakum angepriesen, als ein Medikament zur Bekehrung von Keuschheitsfanatikern. „Eine gar lieblich zu essende Arznei" nannte der Astrologe, Magier und Wunderarzt Michel von Notre-Dame — bekannt als Nostradamus, durch dessen Zauberbuch Goethes Faust den Zugang zum Geisterreich fand —, das Marzipan in seinem „Konfektbuch" von 1552.

In Frankfurt, dem Mittelpunkt des gesamtdeutschen Gewürzhandels, bezeugt die Chronik des Kanonikus Bernhard Rohrbach vom 30. Januar 1464, daß bei der prunkvollen Hochzeit Johann von Holzhausens mit Catharine Schwarzenberger im Hause der adeligen Gesellschaft von Alten-Limpurg ein „Collatz von Schleckwerk und Marcepan von allerlei Faktion" den Beschluß eines Banketts bildete, dessen internationaler Zuschnitt an die Tafelsitten italienischer Fürstenhöfe und burgundischer Granden erinnerte. Man hatte in Frankfurt auch die italienische Zeremonie übernommen, das Servieren des Desserts mit den sanften Klängen von Flöte, Klarinette und Zither zu begleiten. Erst wenn sich die Gäste ihre Finger in Schalen mit aromatischen Wässern gespült und mit parfümierten Servietten abgetrocknet hatten, wurde das Konfekt angeboten, niemals aber durch Diener oder Pagen, denen dies in Italien oblag, sondern schmucke Patriziersöhne reichten in Frankfurt in gemessenem Menuettschritt die Süßigkeiten in vergoldeten Silberschalen herum. An bunten Seidenschleifen, welche die Junker um ihren Hals geschlungen trugen, hingen diese Schalen, um zu verhindern, daß von dem kostbaren Marzipan im Gedränge des Tanzes etwas zu Boden fiele. Um auch das Auge zu erfreuen, erschien das Marzipan schon damals in Gestalt von „Figuren, köstlich und zierlich“, von anmutigen Vögeln und „vielerlei Getiers“, sowie von „Heiratsfiguren“, Amoretten, Pierrots und Grazien aus dem Gefolge der Venus.

Zu einem schlaraffischen Überfluß war dieser Frankfurter Konfektkult hundert Jahre später bei den Kaiserwahlen und Krönungen, auf Reichstagen und Fürstenkongressen gediehen. Eine imposante Vorstellung hiervon gewährt das „New Kochbuch“, ein gastronomisches Standardwerk in Folioformat, das 1581 von Sigmund Feyerabend prunkvoll im Druck und mit Holzschnitten von Jost Amman herausgebracht wurde. Unter den kostbaren Seltenheiten der Frankfurter Universitätsbibliothek beansprucht es einen hohen Rang. Der Autor dieser Enzyklopädie aparter Menus, deren für Fastenzeiten vorgesehene Speisen oft noch lukullischer und verlockender wirken als solche für normale Fleischtage, ist der Ungar Marx Rumpolt, dessen an den Höfen der Könige von Italien, Böhmen, Ungarn und Polen erprobte Talente schließlich dem Kurfürsten von Mainz zugutekamen. Ohne die Bezeichnung „Brenten“ damals schon zu kennen, war er nach Ausweis seines Kochbuches einer der ersten Hersteller, vielleicht sogar der Erfinder dieser Frankfurter Spezialität.

Noch mehr als die Torten wurden seine Marzipan-Figuren zu einer Attraktion. Ehe im Empire silberne Leuchter mit Kerzen, Arrangements von Blumen und Kompositionen von Früchten in Aufsätzen aus Silber oder Porzellan als Dekoration für festliche Tafeln dienten, waren zuvor im Barock die Tische mit Nachbildungen von Pflanzen, Blumen, Früchten und Tieren aus Zukker, Marzipan und Käsemasse übersät, außerdem noch mit Imitationen ganz trivialer Gegenstände wie Kegeln, Pantoffeln, Hüten und Salzfässern, die sich zwischen antiken Götterfiguren höchst kurios ausnahmen. Zum Entwerfen dieses grotesken Panoptikums verfügte Rumpolt über einen Stab von Bildhauern, Malern, Zeichnern und Drechslern, die obendrein alle Gegenstände aus eßbarem Material ebenso naturgetreu wie das Marzipan und Zukkerwerk in Wachs nachbilden mußten. Derlei Imitationen, die zum „Beschau-Essen" gehörten, gab es schon bei der Holzhausen-Hochzeit in Form von „Blumen und anderem Gewächs" aus Wachs, die einigen Eierpfannkuchen als Garnitur dienten.

Diese zwischen Marzipan und sonstiges figürliches Konfekt geschmuggelten Imitationen boten — als Vorläufer heutiger Silvesterscherze — Anlaß zu Späßen und Foppereien. Mit Jubel und Gelächter reagierte die Tafelrunde auf die Grimassen eines Ahnungslosen, der in einen Wachsapfel oder in eine säuregefüllte Weintraube gebissen hatte anstatt in süßes Marzipan.

Offenbacher Pfeffernüsse, ein Lieblingskonfekt von Goethes Enkeln

Um Goethe nach dem Tode seiner Mutter (1808) die gewohnten Süßigkeiten aus der Heimat am Weihnachtsfest nicht entbehren zu lassen, versorgte Marianne von Willemer ihn damit; denn im Hause am Frauenplan in Weimar bedeuteten sie dem Großvater wie den Enkeln eine gleich große Freude. Ganz versessen waren die Knaben Walter und Wolfgang von Goethe auf die Offenbacher Pfeffernüsse. Diese würzigen Pfeffernüsse, rundliche Plätzchen, deren gewölbter Buckel mit Zuckermasse überzogen war, hatte sich schon 1757 der Zuckerbäcker Johann Fleischmann in der Schäfergasse zu Offenbach für die Eröffnung seines Geschäftes ausgedacht. Weshalb sollte Offenbach auswärts immer nur wegen seines Rauchtabaks erwähnt werden, hatte er sich gefragt; warum konnte es nicht auch durch seine Süßwaren ebenso berühmt werden wie Frankfurt durch seine Brenten, für deren Export bis nach Indien hin der Zuckerbäcker Heinrich Kurtz in London eine besondere Versandstelle hatte? Seine Pfeffernüsse fanden denn auch selbst in Frankfurt bei den Mainmessen reißenden Absatz, und Goethe versicherte aus Weimar, sie wären bestens dazu geeignet, „zarte Gefühle der guten Knaben gegen den stillen Großvater zu erwecken". Als in den ersten Januartagen 1832 sämtliche Frankfurter Süßigkeiten schon verschmaust waren, erbat sich Goethe einen neuen Vorrat von Offenbacher Pfeffernüssen. Sie sollten „an trüben Wintertagen den beiden Buben zu sonnenfreundlichen Gesichtern" verhelfen. Dies geschah denn auch drei Wochen später beim Eintreffen der von Marianne besorgten „ganz frischen Pfeffernüsse".

Als Goethe beim Öffnen dieser Nachschubkiste obenauf eine Schicht Quittenwürste entdeckte, gestand er der Freundin, daß sie bei ihm eine „frühere Geschmackslust" geweckt habe und mit Erinnerungen an seine Kinderzeit einen unwiderstehlichen Appetit, durch den alle Vorsätze zur Enthaltsamkeit in Vergessenheit geraten seien. „Die Menschheit mag noch so sehr zu ihrem höchsten Ziele vorschreiten; die Zuckerbäcker rucken nach. Indem sich Geist und Herz immerfort reinigen, wird, wie ich fürchte, der Magen immer weiter seiner Verderbnis entgegengeführt."

Das Neujahrsgeschenk der Apotheker

Für die Frankfurter Nachtwächter waren Silvester und die ersten Stunden des neuen Jahres einst ein ertragreiches Fest, auf das sie sich schon seit dem ersten Advent gebührend vorbereiteten. Im Anschluß an ihren Stundenruf brachten sie in Sprüchen, die sie sich aus Chorälen, Bibelzitaten und Volksliedversen zurechtgestoppelt hatten, den Honoratioren ihre Glückwünsche dar. Diesen holperigen Reimen wurde dann eine kräftige Anspielung auf ein Trinkgeld angefügt: „Drum braucht ihr euch nit lange zu bedenken, Ihr könnt mir gleich etwas zum neue Jahre schenken."

Pünktlich um 10 Uhr abends begann der Nachtwächter wie an jedem anderen Abend auch an Silvester mit Tuthorn, Hellebarde und Laterne, gefolgt von seinem Hund, seine Runde. Sonst war die Stadt zu dieser Zeit in tiefes Dunkel gehüllt, aber an Silvester drang aus allen Häusern und Gasthöfen heller Lichtschein auf die Gassen. An diesem Abend brauchte der Nachtwächter keinen Feierabend zu gebieten. Da war des Zapfens und Einschenkens kein Ende. Aus den Fenstern kamen in brennendes Buntpapier gewickelte Münzen geflogen, die der Nachtwächter einheimste. In jeder Wirtschaft wurde ihm soviel Glühpunsch und Schnaps spendiert, daß es ihm hernach nicht ganz leicht fiel, sich durch die verschneiten Gassen zu steuern. Wer die Glockenschläge der Turmuhr nicht mehr zählen konnte, verkündete, es habe „ebbes“ geschlagen: „Es weiß kei Sau, wieviel des is, standet halt uff, wenn's Tag worde is.“

In den frühen Morgenstunden des Neujahrstages aber begann der Generalangriff der Bäckerjungen, Milchfrauen, Metzgerburschen, Zeitungsausträger, Postboten und Laternenanzünder auf den Geldbeutel der Wohlhabenden; da schellte es unablässig an den Haustüren, gereimte Glückwünsche wurden überbracht, und bunte Papierumschläge mit Trinkgeldern wurden herausgereicht.

Aber auch Amts- und Würdenträger Frankfurts wußten Aufmerksamkeiten zu schätzen, nicht anders als im alten Rom zur Kaiserzeit, wo den hohen Beamten von ihren Untergebenen prunkvolle Geschenke in Form von Vasen, Statuen, goldenen Schalen übersandt wurden. Zumal die Frankfurter Ärzte vom städtischen Gesundheitsamt erinnerten die ihnen unterstellten Apotheker gern daran, daß Frankfurt durch seine 1461 erlassene Taxordnung die erste deutsche Stadt gewesen war, die sie als eigenen Stand anerkannt und sie durch gesetzliche Maßnahmen gegen die Übergriffe ambulanter Händler mit Arzneimitteln geschützt hatte. Seit 1495 pflegte alljährlich nach der Herbstmesse eine Kommission von Stadtärzten bei den Apothekern eine Visitation abzuhalten. Anschließend hielten die Apotheker ein opulentes kaltes Bufett mit deutschen Weinen und Südwein für die Ärzte bereit. Diese Bewirtung wurde im 18. Jahrhundert abgelöst durch „freiwillige“ Geldgeschenke und Naturalien in Form von Mastgänsen, Wild, Tabak oder Tee für alle approbierten Ärzte.

Back-Model aus dem 18. Jahrhundert
mit dem Frankfurter Adler und der „Francofortia“

aus dem Historischen Museum Frankfurt a. M.

Unter dem Regime des Fürstprimas Carl Theodor von Dalberg wurde vier Tage vor Weihnachten 1810 diese sogenannte freiwillige Spende auf dem Verordnungswege in eine Geldgebühr von zwei Dukaten und zwei Gulden umgewandelt. Als dann der Guldenbetrag um das Sechsfache erhöht wurde, reagierten die Apotheker sehr vernehmlich auf diesen finanziellen Aderlaß und wiesen darauf hin, daß die Schul- und Kirchen-Visitationen durch die Schulräte und Bischöfe gebührenfrei wären, sie aber, die Apotheker, als einziger Stand auch noch vier Jahre nach Dalbergs Ausscheiden (1813) durch eine neue Medizinalverordnung vom 22. Juli 1817 ihrer vorgesetzten Behörde zu Neujahr eine Sonderabgabe zu entrichten hätten.

Endlich, nach 21 Jahren vergeblicher Proteste, erhielten die zehn Frankfurter Apotheker ein Rundschreiben vom 25. Oktober 1841 mit der Mitteilung, daß wegen der den Stadtärzten gewährten Gehaltserhöhung das Neujahrsgeschenk der Apotheker sich in Zukunft erübrige. Doch schon am nächsten Tage wurde ihnen eröffnet, daß das abgeschaffte Neujahrspräsent vom 1. Januar 1842 an in Höhe von 56 Gulden an das Rechnei- und Rentamt zu entrichten sei. Gegen diese Umwandlung eines Geschenkes in eine Gebühr für das Finanzamt beschwerten sich sämtliche Apotheker beim Senat. Als dieser schwieg, gaben die Apotheker am 27. Dezember 1841 eine „Remonstrationsschrift“ heraus, in der sie klarlegten, daß sie ohnehin durch eine Konzessionsgebühr von dreitausend Gulden wie durch Steuern und Abgaben übermäßig belastet seien und die zusätzliche Neujahrszahlung von 56 Gulden, die einem Einkommen von 5150 Gulden entspräche, eine „exorbitante Schröpfung“ sei.

Das war für den Senat eine heikle Situation. Um das Rechneiamt nicht zu kompromittieren, konnte er die Verordnung nicht offiziell aufheben. Deshalb erhielten die Apotheker keinen Bescheid. Doch in diesem Fall war keine Antwort doch eine Antwort, da der Senat der Stadtkasse die Ordre erteilte: „Beruht auf sich selbst." Damit war die gegen alles Recht verstoßende Gebühr abgeschafft, und die Apotheker konnten endlich wieder ohne Verdruß und Groll Weihnachten und Neujahr feiern.

Der Heissenstein, die erste Spielbank, und andere Messe-Vergnügungen

Festlichkeiten und geselliges Vergnügen gab es im Mittelalter für den Frankfurter Bürger außerhalb seines Familienkreises lediglich in Zunftstuben, Gaststätten und Korporationshäusern. Auch bei Turnieren und Schlittenpartien, bei Schützenfesten und beim Kegeln oder bei sommerlichen Picknicks blieb jeder immer nur auf den Umgang mit seinen Standesgenossen angewiesen. Die Jugend durfte sich nicht einmal an Fastnacht in Masken und Kostümen auf den Gassen blicken lassen.

Lediglich während der beiden Messen, zur Fastenzeit und im Herbst, bot sich für den Bürger ebensowie für den hessischen Adel die Gelegenheit, endlich einmal ganz privat und inkognito sein Plaisir zu suchen. Nur deshalb verlegten Korporationen, Turnier- und Schützengilden ihre Jahrestagungen in die Messewochen, um an den Lustbarkeiten teilzuhaben. Während der Messe konnte man auf den am Mainufer verankerten Tanzschiffen seiner

Partnerin die Arme um Hals und Taille legen, was sonst streng verpönt war. Die Chance zu solch enger Tuchfühlung ließen sich junge Studenten und Magister nicht entgehen. Noch dazu waren während der vorösterlichen Messe alle Vorschriften der Fastendiät außer Kraft gesetzt, so daß man sich nach Belieben an Fleisch und Bratwurst bis zum Morgengrauen erlaben konnte; denn verstummt war die Weinglocke, die sonst im Winter schon um acht Uhr abends und im Sommer nur eine Stunde später zum Aufbruch aus den Trinkstuben mahnte.

Die auch für die Sonntage gewährte Gewerbefreiheit, die dem fremden Kaufmann wie auch dem einheimischen Händler und Handwerker uneingeschränkte Betätigung zubilligte, galt auch für das schwarmweise sich einstellende fahrende Volk: für Schausteller, Akrobaten, Sänger, Musikanten und Gaukler. Sogar auf von Reichswegen Geächtete erstreckte sich die Freizügigkeit des Magistrats während der Messe, auch schon eine Woche vorher. Dies hatte zur Folge, daß „vieltausend Lumpenleut", Gauner, Landstreicher, Bettler und Dirnen auftauchten. — Eigens aus Frankreich erschien der Sprach- und Tanzlehrer Blondell, dessen Quartier in der Eschenheimer Gasse für den Andrang von Damen des Landadels, die höfischen Schliff bei ihm lernen wollten, kaum ausreichte.

Als einzige deutsche Stadt bot Frankfurt seit 1379 seinen Messegästen ein vom Rat konzessioniertes Spielkasino, das auch an Reichs- und Fürstentagen in Betrieb war. Hier, in dem am Steinweg gelegenen „Heißenstein", klapperten an sieben Tischen auch bei Nacht die Würfel und rollten die Dukaten. Nebenan wurden in einem Erfrischungsraum den Gästen, „auf daß sie des Spiels desto fleißiger gewarten möchten", feurige Südweine zur Aufmunterung angepriesen. Auch für Pechvögel war vorgesorgt: gegen Verpfändung von Ringen, Juwelen, Gold- und Silbersachen verhalf ihnen der Kasinopächter zu neuem Spielgeld. Gebürtige Frankfurter allerdings durften den Heißenstein nicht betreten, ebensowenig wie heutzutage den Einwohnern von Kurorten eine Beteiligung am Glücksspiel erlaubt ist. — Im Mittelalter kannte man noch kein Ecarté, kein Baccarat, auch kein Pferdchenspiel, sondern nur das Würfeln. Unbekannt war auch noch das „Chikago", das Spiel mit einem Knobelbecher und drei Würfeln. Das damalige Glücksspiel bleibt ein Rätsel, dessen Geheimnis kein Chronist ergründet hat. Denn hierzu gehörte eine solche Unmasse von Würfeln, daß der Frankfurter Rat 1397 auf einen Hieb siebentausend Stück und zwei Jahre später sogar zehntausend anschaffen ließ. Wie der Frankfurter Stadtarchivar Georg Ludwig Kriegk (1805—1878) errechnet hat, wurden jedes Jahr durchschnittlich 9937 Würfel verbraucht, ohne beträchtlichen Kostenaufwand, denn für 17 Schilling bekam man tausend Stück.

Die Pächter dieser Spielbank waren durchweg angesehene Notabeln. Der geschäftstüchtige Wernher von Ortenberg hatte nahe Verwandte im Rat. Jakob Klobeland war noch Bürgermeister, als er nebenamtlich die Spielpacht innehatte.

Als der Magistrat merkte, daß der Spielbetrieb, an dem sich zahlungskräftige Messegäste aus allen Ländern beteiligten, ein lohnendes Geschäft war, übernahm die Finanzbehörde 1396 den „Heißenstein" in eigene Regie mit sieben Rechenmeistern als Croupiers und einem „Torknecht" als Portier. Um Falschspiel zu verhüten, verkaufte der Rat die Würfel selbst. Der Reingewinn, der zur Zeit der Verpachtung nur 332 Gulden betragen hatte, erhöhte sich seit 1396 unter der Regie des Magistrats auf jährlich 891 Gulden. Dies war ein beträchtlicher Gewinn, denn diese Summe war der 33. Teil der Einnahmen, die das Finanzamt jährlich erzielte.

Im Jahre 1409 hatte der Spielbetrieb derartige Ausmaße angenommen, daß man einen neuen „Heißenstein" gegenüber der Hauptwache an der Katharinenpforte mit der Rückfront zum alten Stadtgraben erbaute. Hier wurde das Glücksspiel noch 22 Jahre, bis 1432, betrieben. Dann wurde der „Heißenstein" „abgetan". Diese Schließung muß sehr plötzlich erfolgt sein; denn noch wenige Wochen zuvor hatte der Rat achttausend Würfel für die Fastenmesse angeschafft. Vielleicht hatte die Geistlichkeit, die einen schädlichen Einfluß auf die Volksmoral befürchtete, ihren Einfluß geltend gemacht.

Leuten mit geringerer Barschaft bot die Lotterie eines „Glückshafens" an der Katharinenpforte die Chance, durch Kauf von sechzehn Losen für einen Taler Silbergeschirr, allerlei Bijouterien und angeblich echte Edelsteine zu gewinnen. — Sogar der Sachsenhausener Orden der Deutschritter leistete dem Spieltrieb, von dem alles Volk besessen war, Vorschub, als er anno 1594 in seinem Haus an der Zeil unter dem Deckmantel karitativer Zwecke eine Warenlotterie einrichtete. Dabei hatte er allerdings nicht damit gerechnet, daß ihm der Rat durch Verhaftung des aus Gernsheim stammenden Managers, der die Beantragung einer Lizenz versäumt hatte, das Geschäft verderben würde.

Zur Orientierung in dem Gewühl des sich bis an die Mainufer ausbreitenden Vergnügungsviertels vertrauen wir uns bei Antritt eines imaginären Rundgangs der Führung des Stadtpfarrers Konrad Lautenbach an, eines Kenners, der unter dem Pseudonym Marx Mangold mit Knittelversen den ganzen Rummel aufs ergötzlichste beschrieben hat. Unterwegs begegnet uns der Nürnberger Poet Hans Sachs, der, ebenfalls in die Fahrgasse einbiegend, dem Wirtshaus „Zum Krachbein“ zustrebt, dem Quartier der zum erstenmal in Frankfurt gastierenden englischen Komödianten. Bisher hatten Theatervorstellungen immer nur unter freiem Himmel stattgefunden; nun aber in diesem Jahr 1545 sollten zum erstenmal im Krachbein-Saal Aufführungen profaner Stücke durch eine Truppe britischer Berufsschauspieler geboten werden.

Obwohl Hans Sachs in seinen Fastnachtsspielen dem Publikum an saftig derben Redensarten allerlei zumutet, gingen ihm die Zoten des Pickelherings, des Possenreißers mit den schlappenden Pluderhosen, doch zu weit. Er konnte es nicht begreifen, daß sein Landsmann, der würdige Handelsherr Balthasar Baumgärtner, der sich vor Lachen auf die Schenkel klopfte, hingerissen Beifall spendete. Noch am gleichen Abend äußert dieser sich in einem Brief an seine Frau hell begeistert über die englischen Komödianten: „Die sind gar köstlich gekleidet. Auch haben sie so eine herrlich gute Musika und sind so perfekt mit Springen und Tanzen, derengleichen ist noch nie gehört und gesehen.“

Am Römerberg stauen sich die Menschenmassen. Alles schaut auf den Kirchtum von St. Nikolai, wo ein vierzehnjähriger Junge mit einem Sack über dem Kopf und seinem Schwesterchen, das auf seiner Schulter steht, ohne Balancierstange über ein Seil schreitet. Dann erscheint der Prinzipal, läßt einen Feuerwerksschwärmer aufsprühen und schiebt einen kleinen Buben in einem Schubkarren auf dem Seil von der Turmspitze abwärts, ein artistisches Paradestück, das der Rat mit zwölf Reichstalern belohnte.

Aus der Schmidtstube schallt Johlen und Gelächter. Im Tumult von Pritschengeklapp, Schabernack und Katzbalgereien ist hier Hans Wurst als Kassenmagnet ein legitimer Nachfahre der Burleskkomik des antiken Mimus.

Hier dürfen wir nicht länger verweilen, weil uns bei den Fechtmeistern, den „Marxbrüdern", wie sie sich nach ihrem Schutzpatron St. Markus nennen, im „Krachbein" abermals ein „rares Schauspiel" erwartet. Fechter kamen zu jeder Herbstmesse aus dem ganzen Reich nach Frankfurt gereist, um sich nach einem von ihrem Obmann abgehaltenen Examen den Titel eines „Meisters der langen Schwerter" zu erkämpfen. An der Tür zum Saal begrüßt uns der Schmied Rindfleisch, ein stiernackiger Hühne mit Narben und Beulen am ganzen Körper. Auf ein Glockensignal stürmen die Fechter, mit ihren Schwertern weit ausholend, unter Gebrüll aufeinander los. Alles halb so wild, denn sie verstehen sich auf Finten und Paraden. „Hauen mehr auf die Stein als auf die Köpf", flüstert Lautenbach uns zu; „ohne Geld gibt es nur selten Blut zu sehen." Diese Kerle, die hier so martialisch angeben, sind die besten Kameraden, wenn sie am Abend in den Trinkstuben am Garküchenplatz mit ihrer Bravour prahlen und friedlich ihre Humpen stemmen.

Plötzlich recken sich gierige Hände nach einem Mann, der Flugblätter mit kolorierten Bildern feilbietet: „Nova,

Novarum, Wahrhaffte neue Zeitungen!" Seit der Entdekkung der neuen Welt und der Bedrohung des Abendlandes durch die Türken hatte sich das Blickfeld des Volkes erweitert. Besessen von der Sucht nach Neuigkeiten, verlangte man, daß sich alles „wahrhaftig" ereignet habe und daß es „in diesem Jahr" passiert sei. Der Vorliebe für das Wunderbare und „Erschröckliche" wurde Rechnung getragen durch blutrünstige Moritaten, durch grauenerregende Berichte über Hinrichtungen und Folterungen, durch Ausmalung von „Türkengreueln", alles grell übertrieben, wozu der Pfarrer bemerkt: „Betrogen sein will jetzo alle Welt, kaufen Lügen um großes Geld; je feister Lug, desto besser Kauf!"

Das Bestiarium von Löwen, Rhinocerossen, Auerochsen, Straußen und Pavianen, das sich auf den Flugblättern grotesk übersteigert zeigt, präsentierte sich auf den Messen in natura. Obwohl seit 1443 schon mehrfach lebende Elefanten bestaunt werden konnten, bedeutete ihr Erscheinen auch 220 Jahre später immer noch eine erregende Sensation. Dies bezeugt Johann Peitzker, der Diener des Patriziers Maximilian zum Jungen. In einem Brief an den in Helmstedt studierenden Sohn seiner Herrschaft, Daniel, heißt es, er habe in der Schmidtstube beim Anblick eines Elefanten, der „etliche dreißig Künste vorführte", vor Staunen „Maul und Nasen aufgesperrt". Denn dieser gelehrige Dickhäuter konnte eine Pistole abschießen, die Trommel schlagen und eine Fahne schwingen. Zum Schluß habe er jedem Besucher in einem an seinem Rüssel hängenden Eimer Wasser zum Händespülen angeboten und „danach gar höflich seine gebührliche Reverenz mit einem Kratzfuß gemacht".

Zum Schluß führt unser Rundgang auf den Platz vor der Mehlwaage zu den Buden der Quacksalber, Zahnbrecher und Ärzte, die schon seit Tagesanbruch das Ziel kranker Leute sind. Gesiegelte Pergamente mit beglaubigten Heilerfolgen, Gefäße mit Blasensteinen von der Größe eines Gänseeies und Glasballons „mit viel tausend Würm" dienen als Lockmittel für Wunderkuren. Paukengedröhn und Trompetengeschmetter lenken die Blicke auf eine Bühne, auf der Hans Wurst mit seinen Kumpanen Kobolz schießt, dann mit „Herbei!"-Rufen massenweise Zettel mit Anpreisungen von Pulvern und Elixieren verteilt und das Publikum aus monströsen Klystierspritzen mit parfümierten Essenzen übersprüht. Schließlich tritt dieser ganze Schwarm beiseite, um mit devoten Bücklingen den Doktor Johann Andreas Eisenbart zu begrüßen. Altmodisch elegant, im resedagrünen Frack mit weißen Spitzenmanschetten, einen Dreispitz auf seiner Allongeperrücke, Diamantringe an den Fingern, erscheint er an der Bühnenrampe, um in marktschreierischer Tonart seine Star- und Bruchoperationen und seine Medikamente hochtrabend anzupreisen.

Ohne Gefolge begibt sich Eisenbart gegen Abend in sein Quartier bei dem Weinhändler Johann Heinrich Heister, dem Besitzer des Gasthofes „Zur Stadt Darmstadt" in der Großen Fischergasse. Beim Nachtessen weicht Lorenz, der 17jährige Sohn seines Wirtes, ein Gießener Medizinstudent, nicht von seiner Seite und bestürmt ihn mit Fragen über sein Spezial-Studiengebiet der Anatomie und Chirurgie. Schon jeden Tag hatte sich Lorenz bei den von Eisenbart auf offener Bühne vorgenommenen Operationen als scharfer Beobachter jeden Handgriff gemerkt.

Nach Schluß der Messe unterbrach er sein Studium für ein Semester, um als Eisenbarts Famulus bei ihm die Praxis des Starstechens, vor allem auch des Steinschneidens und Bruchkurierens zu erlernen. — Während Eisenbart im Gedächtnis der Nachwelt durch das auf ihn gemünzte Spottlied nur als Karikatur eines Charlatans fortlebt, ist der Helmstedter Professor Lorenz Heister zu einer Kapazität von internationalem Ansehen aufgestiegen und hat durch die Standardwerke seiner Lehrbücher der Chirurgie und Anatomie den Rang einer exakten Wissenschaft verliehen.

Zu „Himmelfahrt“: „Grie Sössche“

Schon vor hundert Jahren wurde die Frankfurter Küche von Weltenbummlern und weitgereisten Feinschmekkern als eine der besten ganz Europas gerühmt. Dazu trug auch die Verwendung würzender Kräuter bei, und diese wiederum hatte schon Goethe in Weimar entzückt, wo er seinen Gästen gern eine schmackhafte Vorstellung des vielfältigen „vegetabilischen Vermögens“ seiner mainischen Heimat suggerierte. Um in den vollen Genuß eines zünftigen Schmalzkrautsalates zu gelangen, mußte seine Mutter ihm zur Einpflanzung in weimarische Erde junge Schößlinge von Schmalzkraut oder Feldsalat, der in Frankfurt „Rapunzel“ genannt wird, mit allen anhängenden Wurzelfasern schicken.

Nach den früher so eintönigen Wintermahlzeiten mit Trockengemüse und Hülsenfrüchten drängten sich auch die Frankfurter Hausfrauen vor den Ständen mit frischem, saftigem Grün am Samstagabend auf der Ostseite des Römerbergs und in der von dort nach dem Alten Markt führenden Rapunzelgasse, wo die „Kräuterweiblein“ das von den Gärtnern in Sachsenhausen und Oberrad gezüchtete Grünzeug feilboten. Da häuften sich in den ersten Frühlingstagen Kresse, Lattich, Petersilie und der „Schlupper“, der in Frühbeeten gezogene zarte Salat, sowie die „Gehle Rieb“, scherzhaft „Hanauer Ananas“ genannt. In der Woche vor Ostern aber richtete sich das Interesse der Käuferinnen besonders auf die in Zeitungspapier eingewickelten Sträuße für die Grüne Sauce, das „Grie Sößche“, diese Frankfurter Frühjahrsspezialität, die nicht nur den Magen und den Gaumen betrifft, sondern geradezu eine Angelegenheit des Gemüts ist, eine Überlieferung, die von altersher gepflegt wird. Aus sieben verschiedenen Kräutern: aus Kerbel und Sauerampfer, Pimpernelle und Petersilie, aus Schnittlauch, Borasch und Kresse setzt sich das aromatische Gewürz zusammen, das durch die Eigenschaft zu gegenseitiger Geschmacksanpassung den erlauchten Reiz der „Grünen Sauce“ noch erhöht. Da den zarten Kräutern in der Weihezeit der Stillen Woche eine besondere Heil- und Segenskraft eignen soll, war diese Sauce von jeher das Festgericht des Gründonnerstags. Liegt dieser allerdings sehr früh im Jahr, so entbehren die in Treibhäusern und Frühbeeten gezüchteten Kräuter noch ihres Vollsaftes, den sie nur durch ihren freien Wuchs in der durch Sonnenschein gelockerten Erde erhalten. Ganz perfekt sind sie daher erst zu Himmelfahrt, wo die „Grüne Sauce“ gleichfalls regelmäßig auf dem Speisezettel erscheint.

Ihre hauptsächlichsten Zutaten, die mit einem Schneebesen zu einem Brei verdickt werden, bestehen aus gehackten Eiern, Salz und Pfeffer, aus einigen Löffeln Olivenöl, saurer Sahne, etwas Essig und einer kleinen Prise von englischem oder deutschem Senf. Das alles wird durch ein feines Haarsieb passiert, bis es sich nach halbstündigem Rühren zu einem Püree verdickt, in dem ein Löffel aufrecht stehen können muß. Doch besagt diese dürre Aufzählung nicht viel; denn erst durch eine Handvoll Spinat, durch eine Zutat von Sellerie oder Estragon, Dill oder Kerbel wird das „perfekte" Aroma erzielt. Wie beim Backen von Brenten hat jede Frankfurter Hausfrau ihr eigenes Rezept, das sie niemandem verrät, und für die Dosierung der Kräuterzutaten gibt es eine Unzahl Kniffe, die man in keinem Kochbuch findet. Gerade hierauf beruht der Reiz dieser Sauce, daß sie in jeder Gaststätte und in jedem Privathaushalt verschiedene Geschmacksnuancen aufweist und durch solche Überraschungen den Genuß erhöht.

Ein Vorzug der „Grie Sößche" besteht in ihrer Anpassungsfähigkeit an andere Gerichte. Am bekanntesten ist sie als Zutat zu saftigem Ochsenfleisch. Trefflich paßt sie auch zu gegrilltem Hecht oder gekochtem Schellfisch und zu neuen Pellkartoffeln oder, mit Quark vermischt, als Brotaufstrich.

Nach Himmelfahrt neigt sich ihre Zeit dem Ende zu, weil die Kräuter im Sommer an Saft und Würze verlieren. Doch im September winkt noch eine Nachsaison, wenn die Gärtner durch eine späte Saat die verschworenen Liebhaber der „Grünen Sauce" noch einmal mit den Kräutern des Frühlings bedienen und ihnen vor Anbruch des Winters zu ihrem Leibgericht verhelfen.

Alt-Frankfurter Brunnenfahrten

Durch offene Ziehbrunnen auf den Straßen und Plätzen Frankfurts wurde die Stadt noch bis 1770 mit Wasser versorgt. Mit Eimern, deren Seile über Rollen liefen, schöpfte man das Wasser aus dem Schacht. Pumpen wie im Goethehaus, noch dazu nicht im Hof, sondern drinnen in der Küche, gab es nur in wenigen wohlhabenden Häusern. Sonst aber waren in jedem der vierzehn Stadtquartiere alle Hausbesitzer und Untermieter zum Verband einer Brunnengemeinschaft zusammengeschlossen und zur Reinigung und Instandhaltung der Brunnen verpflichtet. Einem Schultheiß an der Spitze jedes Verbandes unterstanden jeweils für ein Jahr ein älterer Brunnenmeister und dessen jüngerer Adlat. Ihnen oblag die Sorge für eine einwandfreie Verfassung aller Gerätschaften sowie die Beseitigung von Schäden, die durch Bruch, Frost oder Verwitterung entstanden waren. Wünsche, Beschwerden, Vorschläge der Verbandsmitglieder konnten im Mai jeden Jahres auf einer allgemeinen Zusammenkunft vorgebracht werden. Dann erstattete der ausscheidende Brunnenmeister einen Rechenschaftsbericht; sein Nachfolger wurde mit zeremonieller Umständlichkeit gewählt und erhielt einen zepterartigen Stab aus spanischem Rohr mit Silberknopf als Attribut seiner Würde. Im Anschluß daran fand eine große Rundfahrt zur Säuberung der Brunnen statt: eimerweise wurden Besen und alle Utensilien zum Scheuern und Schaben in den Brunnen hinabgelassen. Die dumpfe Luft der Brunnentiefe und der Gestank des angesammelten Unrats machten diese Säuberung nicht gerade zu einem Vergnügen. Dafür aber hielten die Brunnengemeinschaften sich schadlos durch feuchtfröhliche Landpartien, die meist vier Tage dauerten und ähnlich ergötzlich verliefen wie die heutigen „Herrentouren" von Kegel- und Skatklubmitgliedern an Himmelfahrt. Nur hatten damals die Ehefrauen viel mehr Mühe als heute, ihre Männer für vier Tage zu versorgen: da galt es, einen großen Proviant von gebratenem Fleisch und Fisch herzurichten und reichlich die beliebten Pasteten zu backen. Die Vorräte aus den Haushaltungen der Brunnenfahrer wurden durch Beschaffung mächtiger Schinken und verschiedener Käsesorten auf Verbandskosten ergänzt. Aus dem elften Stadtquartier mußte traditionsgemäß ein Bäcker aus der Borngasse (der heutigen Domstraße), dem Standort eines schon im Jahre 1259 erwähnten Luitprandbrunnens, Brot, Wecken und Kuchen liefern. Als 1628 die Reihe an Bäcker Hartmann war, stiftete er zwei riesige Platten Speckkuchen als Gratisgabe. Selbstverständlich war der Wein eine große Hauptsache. Für seine Beschaffung hatte der Brunnenverband eine Sonderkommission eingesetzt, die beim Auswählen und Durchprobieren der Sorten recht gründlich verfuhr und manches Mal bei ihrer Kellervisitierung im Zickzackkurs heimwärts strebte. Wenn dann die Brunnenfahrten selbst begannen, sorgte der fröhliche Umtrunk dafür, daß alle etwaigen Verdrußgifte weggeschwemmt wurden und jeder Zorn „versoffen" ward. Brüderlich und fidel sollte es zugehen, das war das Motto.

Auf Leiterwagen, vierspännig, unter einem Baldachin von Maigrün kutschierte man durchs Land. In jeder Ortschaft, durch die man mit Paukengedröhn und Trompetengeschmetter fuhr, kamen die Leute aus ihren Häusern gelaufen. Auf ihrem Brunnen hatten sie zum Empfang einen bunten Maibaum aufgepflanzt und die Brüstung mit Girlanden geschmückt. An dem Gaudium der Gäste nahm die Jugend durch das sogenannte Kringelreißen teil: zwei Buben mußten mit gekrümmtem Zeigefinger an beiden Enden einer Brezel ziehen, wobei es darauf ankam, das größte Stück zu ergattern. Die Mädchen vergnügten sich mit verbundenen Augen beim Topfschlagen, bis unter den Scherben des Topfes ein Hahn oder ein Stallhase hervorkam. Den Hauptspaß aber ergab eine Ovation für den neugewählten Brunnenmeister, dem der Zylinderhut aus hellgrauer Seide aufgesetzt wurde, und der dann eine gesiegelte Urkunde mit närrisch absurden Privilegien erhielt, die ihn ermächtigte, auf der Landstraße Kahn zu fahren, auf dem Main nach Hasen zu pirschen, auf Bäumen zu fischen und von Dornhecken Trauben zu ernten.

Es war also ein großer allgemeiner Spaß, nur da das städtische Rechneiamt über alle Einnahmen und Ausgaben der Brunnengemeinschaften orientiert werden mußte, gab es engstirnige Schreiber, die den Aufwand bei den Maiexkursionen beanstandeten und es z. B. durchsetzten, daß vom Jahre 1583 an nur ein einziger Schinken auf Verbandskosten gekauft werden durfte. Als dann auch der Wein auf vier Maß pro Person begrenzt und sogar die Zahl der Milchbrötchen rationiert werden sollte, umging man diese bürokratischen Schikanen dadurch, daß jeder Fahrtteilnehmer auf eigene Kosten Speisen und Getränke beisteuerte, wobei übergenug zusammenkam. Die Brunnengemeinschaften hatten ohne städtische Zuschüsse auch schon wichtigere Dinge aus eigenen Mitteln finanziert wie Verbesserungen und Umbauten an den einzelnen Brunnen. Noch heute zeugt an der Westseite der Nikolaikirche bei der Bendergasse der schon 1436 errichtete Nikolausbrunnen davon, daß die Nachbarschaft für seine Neugestaltung mit 516 Gulden eine so hohe Summe aufgebracht hatte, daß der Steinmetz Johann Leonhard Artz noch eine Säule im Rokokostil errichtete, die sich auch nach der Restaurierung des Nikolausbrunnens als eine architektonische Kostbarkeit ausweist.

Im Jahre 1770 wurde die Pflicht zum Brunnenreinigen von den Hausbesitzern auf das Maurergewerbe übertragen; vor allem merkte man da endlich, daß die offenen Ziehbrunnen gefährliche Seuchenherde waren, daß bei Großbränden das umständliche Wasserschöpfen mit Eimern nicht ausreichte und daß das sperrige Mauerwerk der Brunnenschächte den Verkehr behinderte. Da entschloß man sich zur Errichtung von Röhrenbrunnen, und damit waren auch die Brunnengemeinschaften nicht mehr nötig, und ihre vergnügten Maifahrten fanden ein Ende.

Heinrich Sebastian Hüsgen, Erforscher der Frankfurter Kunstgeschichte

Im Jahre 1792 erschien Heinrich Sebastian Hüsgens „Getreuer Wegweiser durch Frankfurt“, der Einheimischen und Fremden als zuverlässige Orientierung über alle Sehens- und Merkwürdigkeiten der Stadt und ihrer Umgebung diente. Er verzeichnete 145 Gassen, 15 Plätze, alle Kirchen mit ihren Gemälden und Bibliotheken, Ärzte, Gesandte, Gasthöfe und Vergnügungsstätten. Es fehlte auch nicht an kritischen Vorbehalten: Hüsgen bespöttelte kleine Türme an Toren und Wohnhäusern als „Dachtor-

Die astronomische Wunderuhr im Goethehaus

nister“ und vermißte in einer Stadt von der Bedeutung Frankfurts weithin sichtbare Uhren, da die Uhr am Römer „meist an Fledermäusen erkrankt“ sei, die sich in ihrem Werk verfangen hatten.

Hüsgen, ein passionierter Wanderer, rühmte aber auch die Obst- und Weingärten der Umgebung und als Glanzpunkt die Ginnheimer Höhe wegen ihrer Aussicht auf die „thronenden Häupter des Taunus“. Zwar hatte schon 1649 gewissermaßen sein Vorläufer Johann Justus Winkelmann eine Besteigung des Feldberges, den er für den höchsten deutschen Gipfel hielt, riskiert und 74 Jahre nach diesem auch der gelehrte Frankfurter Johann Ernst von Glauburg, jedoch ausschließlich mit der Absicht einer Nachprüfung von Angaben in der „Germania“ des Tacitus. Ein französischer Zeitgenosse Hüsgens hatte die sanften Höhenzüge um Wiesbaden noch „rude et dur“ gefunden. Hüsgen dagegen hat als erster ein Organ für die Schönheiten des Hochtaunus besessen. In seinen „Verräterischen Briefen von Historie und Kunst“ an seinen Freund Elias Neuhof äußert sich seine Empfänglichkeit für die Naturschönheiten noch weit mehr als im „Getreuen Wegweiser“. Der Anblick der Baumblüte im Mai, der Duft des Heus am Juni beseligten ihn. Bei seiner ersten Feldbergbesteigung am 23. Juni 1775 beherrschte ihn außer seiner Naturfreude auch seine antiquarische Passion für Funde von Töpfen, Urnen und Münzen aus römischer Vorzeit. Dieser Sammeleifer entsprang seinem Interesse für Kunst, das er nach dem Tode seines Vaters intensiv betätigte.

Heinrich Sebastian Hüsgen war der Sohn jenes Hofrats und Sonderlings Wilhelm Friedrich Hüsgen, der die astronomische Uhr im Goethehaus konstruiert hat, den als tyrannischen Familienvater der Sohn jedoch mied. Goethe, der als Knabe mit ihm zusammen Zeichenunterricht hatte, schildert ihn im vierten Buch von „Dichtung und Wahrheit“ als einen Jungen „ohne besondere Neigung“. Nach des Vaters Tode völlig verwandelt, erweiterte der junge Hüsgen als Autodidakt seine Kenntnisse, die er sich durch unablässige Besuche von Kirchen und Galerien erworben hatte, durch die Besichtigung von Mannheimer, Münchener, Düsseldorfer und holländischen Sammlungen. In keiner anderen süddeutschen Stadt aber war ein verfügbares kunsthistorisches Studienmaterial wie in Frankfurt: Von zehn privaten Frankfurter Kunstkabinetten im Jahre 1747 hatte sich deren Zahl bis 1777 auf 24 erhöht. Mit Kollektionen erster italienischer Meister gab es bei einer Einwohnerzahl von 35 000 Bürgern anno 1780 sogar nicht weniger als achtzig Kunstsammler, unter ihnen an erster Stelle Johann Peter Gogel und Rat Ehrenreich mit einem Besitz von rund achthundert Gemälden. Mit ihnen wetteiferten der Baron Heinrich Jakob Häckel, der Apotheker Jakob Friedrich Ettling, die Familien Sandrart, Uffenbach, Merian, Rohrbach und Pasquai, bei denen Werke von Rembrandt, van Dyck, Brower, Potter, Rubens, Terniers vertreten waren.

Diese Ansammlung kostbarer Schätze veranlaßte Hüsgen als Lokalpatrioten und in dem Wunsche, Frankfurt als Metropole des Kunsthandels und Kunstbesitzes zur Geltung zu bringen, sich als erster an die Urbarmachung des „ganz unbearbeiteten Feldes“ einer Frankfurter Kunstgeschichte zu wagen. „Durch vieljährigen Fleiß gesammelt“, erschienen anno 1780 seine „Nachrichten von

Frankfurter Künstlern und Kunstsachen" und 1790 in erweiterter Form das „Artistische Magazin" mit einer Widmung an Goethe. Auf seinen insgesamt vier Kunstbüchern und verschiedenen Katalogen beruhen fast ausschließlich die heutigen Kenntnisse über Leben und Werk von Malern, Zeichnern, Kupferstechern, deren Meisterwerke Frankfurts Bürgern zu Stolz und Ansehen verhalfen, aber nach ihrem Tode infolge Erbteilung und mangelnder Kenntnis ihres Wertes in alle Winde versprengt wurden. Die lachenden Nutznießer dieser Verschleuderungen wurden die Galerien von Dresden, Düsseldorf, Kassel und die gräflich Schönbornschen Sammlungen in Pommersfelden. Auch von den 495 Bildern des Grundstocks der Städel'schen Privatsammlung verblieb nur etwa ein Siebtel im Städel'schen Kunstinstitut in Frankfurt.

Die Schuld an solcher von Hüsgen beklagten Verramschung trugen beispielsweise in der berühmten Sammlung Bögner die närrischen Kapricen ihres Besitzers, der seine sämtlichen Gemälde nur ein einziges Mal, als er sie kaufte, zu Gesicht bekam. Denn anstatt sie an die Wände seines Hauses zu hängen, stellte er sie reihenweise eins hinter das andere mit ihrer Schauseite gegen die Wände. Sobald ein Raum voll war, kam ein zweiter an die Reihe mit dem Ergebnis, daß bei seinem Tode seine Kinder, denen das Betreten der verschlossenen Räume stets verwehrt gewesen war, eine Kollektion von 873 Bildern vorfanden. Im Sommer 1778 wurden sie in zwei Sälen und sechs Zimmern des Senckenbergischen Bürgerhospitals eine Woche lang zur Besichtigung freigegeben und im Oktober für den Spottpreis von 27 000 Gulden versteigert. — Von einem ganz ähnlichen Schicksal betroffen wurde auch die kostbare Galerie von Johann Caspar Goethe. Weit ausführlicher als durch dessen Sohn ist man über sie durch Hüsgens genaue Mitteilungen orientiert. Auch als Sammler war Goethes Vater eigene Wege gegangen, indem er sich unbekümmert um die Beliebtheit von Holländern und Italienern ausschließlich auf einheimische und lebende Künstler spezialisierte. So wurde er zu einem Mäzen von Trautmann, G. G. Schütz, Nothnagel und Morgenstern, die nach dem Urteil seines Sohnes zu den Besten der damaligen Zeit gehörten. Als die Frau Rat 1795 vom Großen Hirschgraben in ihr „niedliches Logieschen", den „Goldenen Brunnen" am Großen Roßmarkt, übersiedelte, hat sie sich ohne Verständnis für merkantile Gesichtspunkte für 250 Gulden der um mehr als das Zwanzigfache wertvolleren Gemälde, Handzeichnungen und Kupferstiche ihres Gatten entledigt. [Es ist bekannt, daß das Freie Deutsche Hochstift unter Ernst Beutler sich erfolgreich bemüht hat, einen Teil dieser Schätze in das Goethehaus zurückzubringen.]

Der verlängerte Himmel

Zu den Vorbereitungen für die Wahl und Krönung des Erzherzogs Joseph zum römischen König in den ersten Apriltagen 1764 in Frankfurt gehörte auch die Beschaffung eines Zelthimmels aus goldgelbem Atlas. Mitten darauf sollte ein Doppeladler, der das kaiserliche Wappen hielt, in schwarzer Stickerei seine Schwingen ausbreiten. Schon seit Januar hatte der für die reibungslose Abwicklung des umfangreichen Festprogramms verantwortliche

Reichsquartiermeister Graf von Pergen mit dem Frankfurter Magistrat über diesen Himmel verhandelt. Denn er mußte lang genug sein, daß außer dem Thronanwärter Erzherzog Joseph auch — „obzwar ein wenig rückwärts" — dessen Vater, Kaiser Franz I., beide zu Pferde, Platz hätte. Da die Maße des üblichen Baldachins dafür nicht ausreichten, verlangte der Graf von dem Frankfurter Bürgermeister Moors einen zehn Ellen langen und fünf Ellen breiten Himmel.

Der Rat der Stadt Frankfurt hat sich offenbar auf diesen verlängerten und verbreiterten Himmel als auf ein stolzes Prunkstück viel zugute gehalten. Denn in einem vom 7. Juni 1764 datierten Schreiben von Moors an Pergen, also noch zwei Monate nach der Krönung, betonte das Stadtoberhaupt ausdrücklich, daß dieser Himmel am Wahl- und Krönungstag von ihm höchstpersönlich, ferner von seinem Mitbürgermeister sowie von sechs der älteren Schöffen und den beiden Senioren der zweiten Ratsbank, somit von insgesamt zehn Notabeln getragen worden sei.

Missbrauchte Frag- und Anzeigennachrichten

Bis zum Beginn des 18. Jahrhunderts gelangten alle amtlichen und privaten Bekanntmachungen den Frankfurter Bürgern durch Anschlag an die Stadttore, an das Portal des Römers oder an die Türen des Saalhofes und des Leinwandhauses zur Kenntnis. Zusätzlich wurden diese Mitteilungen auch auf Straßen und Plätzen durch Ausrufer unter Trompetengeschmetter verkündet. Auch verlas man die Liste über verlorene und gefundene Sachen an

Sonntagen von der Kanzel, sehr zum Verdruß der Pfarrer über diese Profanierung des Gottesdienstes.

Seit dem 5. Januar 1722 aber ergab sich eine ganz neue Situation, als mit dem Erscheinen der durch ein kaiserliches Privileg begünstigten „Wöchentlichen Frankfurter Frag- und Anzeigennachrichten" in diesem Blatte Inserate auftauchten. Nach dem Muster des Londoner und Pariser „Office d'Intelligence" hatte der Frankfurter Anton Heinscheidt als erster Verleger von Deutschland diese Neuerung eingeführt, noch zwei Jahre früher als Hamburg und fünf Jahre eher als Berlin. Diese ersten Hinweise auf Kauf und Verkauf, auf angebotene und gesuchte Arbeit erschienen noch ohne Hervorhebung einzelner Worte durch größere Lettern. Da der Name des Inserenten prinzipiell verschwiegen wurde, mußte sich jeder, den er interessierte, gegen eine Gebühr von vier Kreuzern den betr. Namen beim Verlag in der Alten Mainzer Gasse erbitten. — Heinscheidts Freude über die ständig wachsende Abonnentenzahl wurde ihm zwar erheblich vergällt durch Spaßvögel, die den Anzeigenteil zu allerhand Schabernack mißbrauchten: sehr zum Ärger des Herrn Wilhelm Rau in der Fischergasse, bei dem auf Grund eines Inserates andauernd Leute vorsprachen, die das ihm gehörende Haus „Zum Rosenbusch" zu kaufen begehrten. Solche Possen trieb man auch mit dem Buchhalter Georg Thomas, an dessen Haustür in Rödelheim schon in aller Frühe ein Schwarm von Dienstmädchen und Laufburschen zu schellen begann, weil dort angeblich eine Sendung von Bücklingen, Kabeljau und Austern zu niedrigsten Preisen angeboten worden war. Solange es sich bei diesem Unfug nur um harmlose Scherze handelte, ließ der

Verleger es bei Warnungen bewenden; bei böswilligen Verleumdungen jedoch erstattete er Strafanzeige.

Sonst aber war dieses „Blättle", das jeden Montag und Donnerstag erschien und bald auf keinem Frühstückstisch in Frankfurt fehlen durfte, ein ständiges Informationsorgan, das man sich auch während der Sommerreise nachschicken ließ. Es gehörte zum festen, unentbehrlichen Bestandteil des familiären Daseins.

Cosima Wagners Mutter, Marie d'Agoult, aus dem Hause Bethmann

Im Jahre 1797 tauchte in Frankfurt als Werber für die Truppen des Prinzen Condé der französische Graf Alexandre François de Flavigny auf. Mit 27 Jahren bereits Oberst, ein königstreuer Anhänger der Bourbonen und erklärter Gegner der Revolution, in der er seine Eltern auf der Guillotine verloren hatte, bewarb er sich um die Gunst der jüngeren Schwester des Bankiers Simon Moritz Bethmann, Marie-Elisabeth, die nach einjähriger Ehe mit dem Sozius ihres Bruders, Johann Jakob Bußmann, bereits mit 19 Jahren verwitwet war. Im Bethmannschen Hause an der Ecke Roßmarkt/Große Gallusgasse jedoch war der verarmte Offizier durchaus nicht willkommen. Zumal der streng protestantischen Mutter Marie-Elisabeths, deren Vorfahren als Hugenotten um ihres Glaubens willen verfolgt waren, und die den demokratischen Bürgerstolz einer Frankfurter Patrizierin besaß, erschien der gräfliche Habenichts nur als Mitgiftjäger, und sie machte ihre ganze Autorität geltend, um ihre Tochter von deren Neigung für den Franzosen abzubringen. Die Familie glaubte gesiegt zu haben, als der Frankfurter Rat, der Flavignys Reisepaß beanstandete, ihm die Ausweisungsordre übermittelte und ihn, als er diesen Befehl ignorierte, verhaften ließ. Die Bethmanns hatten sich gründlich verrechnet, als sie meinten, Marie-Elisabeth damit kuriert zu haben. Die sonst so schüchterne junge Frau, die sich durch die Schmach ihres Freundes persönlich gekränkt fühlte, besuchte Flavigny mehrfach in seiner Haftzelle und erklärte, daß sie jetzt erst recht entschlossen sei, den Mann ihrer Wahl zu heiraten.

Nachdem beide am 29. September 1797 in Solothurn, der Schweizer Heimat von Flavignys Mutter, getraut waren, blieben sie wegen der in Frankreich immer noch herrschenden Unsicherheit mehrere Jahre in Deutschland, meist im Hause Bethmann, wo ihre Tochter Marie am 31. Dezember 1805 geboren wurde. Auf der Besitzung ihres Vaters, des Grafen Flavigny, in der Touraine verbrachte Marie eine sorglose Jugend, bis in den ersten Tagen des März 1815, als Napoleon aus Elba geflohen und in Frankreich gelandet war, dieses Idyll ein jähes Ende fand. In aller Eile brachte der Reisewagen Marie nach Frankfurt in Sicherheit. Von dem schlichten Landgut ihres Vaters in das hochherrschaftliche Palais ihres Onkels Bethmann in den Basler Hof an der Ecke der Buchgasse verpflanzt, fand sich Marie in der ungewohnten Umgebung zuerst schwer zurecht. Doch hatte sie viel Freude an Spazierfahrten in die Umgebung nach Rödelheim, Bockenheim und den Sandhof, auch an ihres Onkels prachtvollem Park vor dem Friedberger Tor, der für sie am 21. September 1815 zur Stätte eines denkwürdigen Erlebnisses wurde. Denn an diesem Sonntag sah sie, wie in Begleitung ihrer Verwandten ein alter Herr, dessen „leuchtende Augen und erhabene Stirn“ ihr imponierten, durch die Allee auf sie zu kam. Es war Goethe, der sich neben sie auf eine Bank setzte und ihr beim Abschied über ihr blondes Haar strich. Durch den magischen Kontakt mit dieser Hand fühlte sich Marie für alle Zeit mit Goethe verbunden. Da sie sich ihrer deutschen und ihrer französischen Heimat in gleichem Maße verpflichtet fühlte, gelang es ihr, ihre Verehrung für Goethe, Schiller und Mozart mit ihrer Vorliebe für die französischen Klassiker und für Voltaire in Einklang zu bringen.

Ihren Vater hatte der Frankfurter Rat noch im Jahre 1815 durch Verleihung des Bürgerrechts voll rehabilitiert. Als er mit 49 Jahren plötzlich starb, begab sich seine Frau mit Marie 1820 wieder nach Frankfurt zu ihrem Bruder Simon Moritz von Bethmann, der inzwischen geadelt, zum Staatsrat ernannt und als Finanzmagnat von europäischem Ansehen in Frankfurt eine führende Position innehatte. Marie, die trotz ihrer fünfzehn Jahre als eine kleine Dame von Welt sehr gewandt auftrat, begleitete ihre Mutter in die Oper und zu den luxuriösen Festen, mit denen die Diplomaten des Bundestages und die einheimischen Frankfurter einander durch Eleganz und Aufwand zu übertrumpfen versuchten. Ihr Charme, ihre Schönheit und Intelligenz entzückten besonders die älteren Würdenträger und auch den Kavallerieobersten Graf Charles d’Agoult, den sie heiratete. Nach enttäuschender Ehe jedoch erregte Marie d’Agoult später Aufsehen durch ihre Beziehungen zu dem gefeierten Komponisten Franz

Liszt. Aus dieser Verbindung als Mutter Cosima Wagners bekannt, wurde sie unter dem Namen Daniel Stern durch ihre Bücher über Dante und Goethe berühmt, eine gefeierte Schriftstellerin, deren Geschichte der Februarrevolution noch heute wegen ihrer genauen Kenntnisse der politischen und gesellschaftlichen Zustände im damaligen Paris als authentische historische Quelle gilt.

Noch im Alter, auf der Höhe ihres literarischen Ruhms, als bewunderte Grande Dame hat sich Marie d'Agoult an ihre Vaterstadt erinnert. Ihre Memoiren bezeugen, daß sie an Frankfurt die wechselseitige Durchdringung von Tradition und Fortschritt bewunderte. Die Reichsstadt war für sie eine Stätte des „Wohlbehagens und der angenehmen Belebtheit, wo in der Stadt Goethes auch der bürgerliche Alltag durch Kunstsinn verklärt wird".

Frankfurt und der Taunus — Felix-Mendelssohn-Bartholdys zweite Heimat

Gegenüber vom Senckenberg-Hospital, an der „Schlimmen Mauer", etwa dort, wo in Goethes Knabenmärchen „Der neue Paris" das mysteriöse Pförtchen in den Garten der Poesie führt, lag das Haus des Frankfurter Dirigenten Johann Nepomuk Schelble, der 1820 den Cäcilienverein gegründet hatte und mit ihm vor allem die Chorwerke des Dreigestirns Haydn, Händel und Bach aufführte. In seinem Musiksaal spielte der dreizehnjährige Felix Mendelssohn seine damals bereits gedruckten Sonaten und Kantaten vor. Der junge Felix machte in Begleitung seiner Eltern und Geschwister auf einer Reise in die Schweiz im Juli 1822 in Frankfurt Station und empfing durch Schelble maßgebende Impulse für seine zukünftige Entwicklung. Später äußerte er, daß schon wegen der Konzerte des Cäcilienvereins mit den von Schelble geschulten Sängern und Musikern jeder Besuch in Frankfurt gewinnbringend und genußreich sei.

Im Hause des Dirigenten ergaben sich für Mendelssohn dauernde Beziehungen zu dem Offenbacher Komponisten und Musikverleger Johann Anton André, dem Besitzer von Mozarts schriftlichem Nachlaß, ferner zum Kapellmeister und späteren Theaterdirektor Karl Guhr sowie zu dem damals erst zehnjährigen Ferdinand Hiller, vor allem aber zu dem Bach-Enthusiasten, dem Sänger und Dramaturgen Eduard Devrient. Ein Jahr nach seinem ersten Besuch in Frankfurt war Mendelssohn durch seine Großmutter in den Besitz eines vollständigen Exemplars von Bachs „Matthäus-Passion" gelangt, die nach ihrer Premiere im April 1729 völlig in Vergessenheit geraten war. Zusammen mit Devrient bemühte er sich in Berlin um eine Wiederaufführung mit Zelters Singakademie. Karl Friedrich Zelter, Goethes Altersfreund, auf dessen Empfehlungsbrief schon der zwölfjährige Felix dem Dichter in Weimar zu dessen bewunderndem Staunen vorgespielt hatte, sträubte sich anfangs gegen eine Wiedergabe des Werkes mit seinen angeblich kaum erfüllbaren Anforderungen an Sänger und Musiker, mehr aber noch, weil es bei der herrschenden Vorliebe für gefällige italienische Musik über den Horizont des Durchschnittspublikums hinauszugehen drohte. Aber vor Mendelssohns und Devrients jugendlichem Feuereifer kapitulierte Zelter und übertrug dem zwanzigjährigen Felix die Einstudierung und Leitung des Werkes. Devrient sang die Worte Jesu. Alle Künstler waren mit Begeisterung dabei und verzichteten auf Freikarten, weil die erste Aufführung am 11. März 1829 zum Besten der Armen stattfand. Am 21. März, an Bachs 144. Geburtstag, wurde sie wiederholt, wie die erste in überfülltem Saal. „Die Passion ist ins öffentliche Leben getreten und Eigentum der Gemüter geworden", schrieb damals Fanny Mendelssohn, die Schwester des jungen Dirigenten, der die Matthäus-Passion aus ihrer hundertjährigen Vergessenheit wiedererweckt hatte. Durch diesen triumphalen Erfolg ermutigt, verhalf auch Schelble der Stadt Frankfurt durch eine Wiedergabe der Passion mit seinem Cäcilienverein am 2. Mai 1829 zu einem der denkwürdigsten Ereignisse ihrer Konzertgeschichte.

Mendelssohn, der von jeher Schelble durch Widmungen seiner Kompositionen Dank und Verehrung bezeugt hatt, bewährte diese Treue nochmals, als er im Sommer 1836 wegen Schelbles unheilbarer Erkrankung unter Assistenz von Guhr für einige Wochen die Leitung des Cäcilienvereis übernahm, der ohne einen tüchtigen Leiter einzugehen drohte. Man suchte Mendelssohn daher dauernd an Frankfurt zu fesseln und trug ihm die Direktion des Vereins an. Da er aber erst die Leitung der Leipziger Gewandhauskonzerte übernommen hatte, mußte er ablehnen, erklärte sich aber mit Vergnügen bereit, den Sommer dazu zu benutzen, das Institut in Gang zu halten. Am 4. Juni 1836 traf er, vom Rheinischen Musikfest in Düsseldorf kommend, in Frankfurt ein und empfand nach den Anstrengungen des Festes die Ruhe der lieblichen Frankfurter Natur um so tiefer. Die Leitung des Gesangvereins ließ ihm Zeit genug, um die gelassene Schönheit des Taunus und des Rheingaues zu genießen. Auch von seiner Wohnung aus in Schelbles Haus an der „Schönen Aussicht“ gegenüber der Stadtbibliothek ließ er über dem schönen Blick vom Eckfenster auf den Main und seinen „alten Liebling“, den Wartturm, und bis auf die Bergketten in der Ferne seine „Vorsätze zu großem Fleiß“ manchmal fallen.

In diesen Wochen, die er von Anfang Juni bis Ende Juli in Frankfurt verbrachte, lernte er durch seinen Vetter Philipp Veit, den Direktor der Städel-Galerie und Schöpfer einiger Kaiserporträts für den Römer, den Liebreiz und stillen Zauber der jungen Cécile Jeanrenaud kennen, die durch das vollendete Gleichgewicht ihrer Natur wie geschaffen dafür war, den wohltätigsten Einfluß auf das reizbare Temperament des durch seine aufreibenden Verpflichtungen in Deutschland und England überlasteten Dirigenten und Komponisten auszuüben. Schon durch den Familiennamen Jeanrenaud hatte sich Mendelssohn sympathisch berührt gefühlt; denn so hieß jener Seelsorger der Französisch-Reformierten Gemeinde, zu dem sein Vater vor achtzehn Jahren eigens aus Berlin nach Frankfurt gereist war, um sich von ihm in aller Stille taufen zu lassen. Als der Pfarrer einige Monate später im Alter von nur 31 Jahren verstorben war, übersiedelte seine Witwe mit ihren beiden Töchtern an den Weinmarkt in das Haus ihres Vaters, des als Kunsthistoriker geschätzten Schöffen und Senators Dr. Eduard Souchay. Cécile erwiderte Felixens Neigung; auf einem Ausflug nach Kronberg im September 1836 wurde sie seine Braut.

Für den in Hamburg geborenen, in Berlin aufgewachsenen und in Leipzig ansässigen Felix Mendelssohn-Bartholdy wurden Frankfurt und seine Umgebung nun erst recht zu Stätten „frohen und leichten Lebens". Die Intensität des Naturempfindens, auf das seine Waldlieder deuten, resultiert aus dem Schönheitsverlangen eines Augenmenschen. Ob er zur Zeit der Kirschenernte und der Weinblüte den Sachsenhäuser Berg durchstreifte, ob er bei seinen Wanderungen in Hofheim, Epstein oder in seinem geliebten Soden weilte, immer hatte er außer Notenpapier auch einen Zeichenblock zur Hand. Er gehört zu den wenigen, die bis zur Deutung der wesenhaften Eigenart einer Landschaft vordringen. Durch sie fühlte er sich am Main derart beglückt, daß er im Herbst 1845 erwog, seinen dauernden Wohnsitz nach Frankfurt zu verlegen. Deshalb hatte er den Senator Bernus gebeten, ihm beim Ankauf eines Hauses behilflich zu sein. Durch erquickende Ruhe zu neuem Schaffen angeregt, wurde ihm die Landschaft zu einem Quell der Inspiration. Wie er in Soden zwölf Orgelstücke verfaßte, in Frankfurt die ersten Entwürfe zum „Paulus" und „Elias" konzipierte, so wurden auch Teile seiner Musik zum „Sommernachtstraum" durch Eindrücke vom Frankfurter Stadtwald angeregt; das gilt auch für seine bekanntesten Lieder „Jägers Abschied" und „O Täler weit".

Um so schmerzlicher berührte Mendelssohn die bittere Tragik, daß ihn im Mai 1847 gerade in Frankfurt die Nachricht von dem plötzlichen Tod seiner Schwester Fanny erreichen mußte, mit der er sich von Jugend an so sehr zu einer „geeinten Zwienatur" verbunden gefühlt hatte, daß ihre genialen Kompositionen, von Bruder und Schwester als Gemeinbesitz betrachtet, ohne Kennzeichnung der Autorschaft in Mendelssohns Werk übernommen wurden. Von dem leichten Schlaganfall, den er nach Empfang der Hiobsbotschaft erlitt, erholte er sich durch die Pflege Frankfurter Freunde zunächst einigermaßen. Doch sein Gemüt blieb durch Schwermut verdüstert. „Von ferne kommt der Glockenschlag, nimmt manchen mit, der's nicht gedacht." Diese Verse aus Eichendorffs „Nachtlied", Mendelssohns letzter Komposition, durchzittert die Vorahnung seines nahen Endes. Die Trauerkunde von seinem am 4. November 1847 erfolgten Ableben erreichte die Musiker vom Cäcilienverein drei Tage danach bei ihrer ersten Orchesterprobe zum „Elias", demselben Oratorium, das später zum Gedenken an Mendelssohns hundertsten Geburtstag, am 3. Februar 1909, im Beisein seiner Tochter und seiner vier Enkel im Frankfurter „Saalbau" unter Willem Mengelberg zur Aufführung gelangte.

Das verschlossene Portal am Oeder Weg

Von dreiteiligen Portalen erwartet man in der Regel, daß die schmiedeeisernen Flügel ihres Mittelstücks Fahrzeugen und ihre beiden seitlichen Pforten Fußgängern Durchlaß bieten. Dieser Bestimmung entzogen, steht am Rande des Bürgersteigs vom Oeder Weg. attrappenhaft isoliert, ein seit Jahrzehnten ständig verschlossenes, durch die Noblesse seines Louis-Seize-Stils bestechendes Portal. Wie das Dekor antikisierender Vasen auf den das Mittelstück flankierenden Sandsteinpfeilern für gediegene Alt-Frankfurter Steinmetzarbeit Ehre einlegt, so deutet auch das Gitter der drei Pforten auf den hohen Stand des Handwerks hiesiger Eisenschmiede.

Erst an der Ausrichtung dieses Portals auf ein am Ende einer Kastanienallee auftauchendes Wasserschlößchen erkennt man seine ursprüngliche Funktion als Einfahrt zu dem Landsitz des Patriziergeschlechts von Holzhausen, aus dem im Lauf der Jahrhunderte sechsundsechzig ältere Bürgermeister von Frankfurt hervorgegangen sind, außerdem Schöffen, Ratsherrn und Delegierte zu Reichstagen. Zu dieser Elite würdigster Repräsentanten ihrer Vaterstadt gehörte Justinian von Holzhausen (1502—1553), der Besitzer eines in der Feldmark, in der „Oed“, auf städtischem Boden gelegenen Gutshofes.

Vorwiegend an Militär- und Kriegswesen interessiert, hatte Justinian während der Belagerung Frankfurts 1552 das Amt eines Feldzeugmeisters inne, dem die Anwerbung, Besoldung und Verpflegung der Truppen sowie die Beschaffung des für die Verteidigung der Stadt erforderlichen Geschützparks und dessen Munition oblag. Nach Art von Warten und Landwehren hatte Justinian auch auf seinem Landsitz durch Hecken, Zäune und Gräben für eine Verteidigungslinie gesorgt, um dem anrückenden Feind ein Hindernis zu bieten. Trotzdem wurde sein von einem Wassergraben umgebenes Herrenhaus beim Vormarsch der hessischen, brandenburgischen und sächsischen Belagerer ebenso in Brand geschossen wie die von den Flammen vernichteten benachbarten Landsitze seiner patrizischen Standesgenossen, der Glauburgs und Stalburgs.

Wenn man bei einem Blick durch das Gitter des erhalten gebliebenen Portals am Ende der Allee das Wasserschlößchen durchschimmern sieht, mag man sich daran erinnern, daß jenes von Justinian errichtete Haus eine gastliche Heimstatt der Musen gewesen ist: ein Hort des

Humanismus, mit dem Justinian einst als Wittenberger Student durch Melanchthon vertraut geworden war. Sein Schlößchen war eine Stätte kultivierter Geselligkeit, entrückt aus der Enge der Altstadt und unbehelligt von der Neugier über Gartenzäune lugender Nachbarn. Zu den Gästen bei Justinians Symposien, auf denen auch dem „fröhlichen Bacchus" gehuldigt wurde, gehörte Jakob Moller, dem als „Mycillus" bekannten Rektor der Lateinschule, die bald zum ersten Frankfurter Gymnasium ausgebaut wurde. In Hexametern hat Moller Justinians durch wackeres Pokulieren und heiteren Gesang beschwingte Feste gepriesen. Der dazugehörende Wein stammte aus der guten Lage des Südhanges vom Späteren Affensteiner Feld.

Auch das von Justinians Sohn Achilles anno 1571 an der gleichen Stelle erbaute Wasserschloß ereilte das Schicksal ihres Vorgängers während des Dreißigjährigen Krieges. An seiner Stelle hat Johann Hieronymus von Holzhausen im Jahre 1728 nach den Plänen des französischen Architekten Louis Remis de la Fosse, des talentierten Hofbaumeisters des Landgrafen von Hessen, das heute noch in seinem damaligen Zustand erhaltene dritte Schlößchen erbauen lassen, in dem sich seit 1953 das Museum für Vor- und Frühgeschichte befindet.

Frankfurter Adelige schwedischer Herkunft

Es ist ein einmaliger Fall in der Geschichte der Frankfurter Adelsfamilien, daß Angehörige eines in Schweden beheimateten bürgerlichen Geschlechts im Wandel von vier Generationen als Juristen, Diplomaten und hohe Beamte, dem Patriziat der Stadt ranggleich, in Frankfurt zu Ansehen, Vermögen und beträchtlichem Grundbesitz gelangt sind. Der schwedische Stammvater dieses Geschlechts war der Großbauer und Amtmann Lars Björckmann. Dessen Sohn Christopher (1650–1729) war mit 22 Jahren als Sekretär des schwedischen Residenten Johann von Arendt in Frankfurt erschienen. Schon nach drei Jahren zum Legationsrat avanciert, hatte er sich durch den Erfolg einer wichtigen diplomatischen Mission nach Schweden so bewährt, daß ihm während einer langwierigen Krankheit seines Frankfurter Vorgesetzten dessen Vertretung anvertraut wurde. Als Arendt 1689 starb, wurde Christopher Björckmann sein Nachfolger und hatte als solcher drei amtliche Funktionen inne: als Frankfurter Gesandter, als Kommissar für den oberrheinischen Kreis und als Minister für das Herzogtum Zweibrücken, das damals zu Schweden gehörte. König Karl XI. von Schweden (1660–1697) erkannte seine Leistungen dadurch an, daß er ihn 1692 unter Verleihung des Namens „von Adlerflycht“ in den erblichen Adelsstand erhob. Beides, Name und Wappen, dessen Helmzier einen zum Flug ansetzenden Adler zeigt, deutet auf eine besondere Würdigung der Fähigkeiten des bewährten Diplomaten.

Nach dem Ankauf eines Hauses in der Gallusgasse fand Christopher Björckmann von Adlerflycht durch seine Heirat mit Sophie Magdalene von Günderrode auch verwandtschaftliche Beziehungen zu den alteingesessenen Frankfurter Adelsfamilien. Glück und Erfolg aber, die ihm in seiner Karriere so reich zuteil geworden waren, ließen ihn bei dem Verlust seiner vier Kinder im Stich.

Als letzter war sein einziger Sohn Johann Christoph mit 26 Jahren an der Schwindsucht gestorben. Doch gebar dessen Frau kurz nach seinem Tode, 24 Stunden nach seiner Bestattung, am 24. März 1729 einen Sohn, der in den Frankfurter Geburtsregistern zum Unterschied von seinem Vater als Johann Christoph Posthumus und Frankfurter Bürger aufgeführt wird.

Herangewachsen, erwies er sich als noch ehrgeiziger als sein Großvater. Auch er heiratete eine Günderrode, Susanna Maria, Tochter eines Kaiserlichen Rats und mehrmaligen Bürgermeisters, und war darauf bedacht, von den alteingesessenen exklusiven Adelsfamilien als ebenbürtig respektiert zu werden. Daher bemühte er sich um Aufnahme in die Gan-Erbschaft Alten-Limpurg, bei welcher der Nachweis von acht Ahnen erforderlich war. Da Adlerflycht nur deren vier angeben konnte, stieß er auf Widerstand, den er jedoch durch eine Zahlung von fünfhundert Reichstalern aus dem Wege zu räumen verstand (1755). Als Mitglied dieser sozial bevorrechtigten Gesellschaft und als Verwandter der Günderrodes strebte er nach Vermehrung seines Grundbesitzes. Durch Anteile am Nürnberger Hof und am Steinernen Haus, am „Haus zum Wedel“ und am „Haus zur Scheibe“ in der Fahrgasse, durch Ankauf von Liegenschaften in der Frankfurter Gemarkung und eines Gutshofes im nördlichen Vorfeld der Stadt gelangte er zu weit größerem Reichtum als mancher Patrizier.

Da von seinen zwölf Nachkommen die meisten als Kinder starben und sein Sohn Carl Friedrich unvermählt blieb, wurde sein 1761 geborener Sohn Justinian der einzige Stammhalter seiner Familie. Auch dieser war hochbegabt und übertraf als Beamter, Diplomat und Rechtsgelehrter seine Vorfahren noch durch seine Wendigkeit, mit der er sich unter verschiedenen Landesherren in hohen Positionen zu behaupten wußte: zuerst als Legationsrat in Hessen-Kassel, dann als Gesandter im oberrheinischen Kreis; nach der Auflösung des Deutschen Reiches seit 1806 als Frankfurter Ratsherr und Schöffe; schließlich unter dem Fürstprimas Carl Theodor von Dalberg als Mitglied des Oberappellationsgerichts. Auch nach der Wiederherstellung von Frankfurts Reichsfreiheit im Jahre 1815 blieb er Schöffe und Senator. Nach seinem Ausscheiden aus dem öffentlichen Dienst widmete Justinian sich ausschließlich der gelehrten Arbeit an seinem vierbändigen Werk über das Frankfurter Privatrecht. Dazu kam als Nachtrag ein fünfter Band über das Zivilprozeßrecht, den er am 26. Januar 1831, vier Tage vor seinem Tode, abschloß. Mit ihm erlosch die männliche Linie seiner Familie. Über Justinian von Adlerflychts Privatleben ist nicht das Geringste bekannt. Weder sein Bildnis noch Briefe oder persönliche Aufzeichnungen sind überliefert. Trotzdem blieb er nicht vergessen. Im Frankfurter Nordend wurde 1876 eine inzwischen aufgelöste Realschule nach ihm benannt. Bis heute bewahren seinen Namen aber die vom Oederweg abzweigende Adlerflychtstraße sowie ein Platz und eine Gaststätte, der „Adlerflychthof". Dieser Name erinnert an Justinian von Adlerflychts ausgedehnte Besitzung im Vorgelände Frankfurts: es war ein Gut, das sich über das Gebiet der heutigen Humboldt-, Lersner- und Hermannstraße hinaus bis zum Oberweg, zur Kepler- und Wielandstraße erstreckte. Im Unterschied zu den landwirtschaftlichen Betrieben der Mayer- und Bauernhöfe hatte der „Adlerflychthof“ den Charakter einer „Sommerlust“ wohlhabender Bürger. Ein Stich von Johann Georg Meyer aus dem Jahre 1779 zeigt uns ein vornehmes, stattliches Herrenhaus im Louis-Seize-Stil, von sechs hohen Pappeln flankiert und links davon hinter einer niedrigen Hecke einen zierlichen Rokokogarten. Diese „niedrige Hecke nahe bei den Pappeln“ ist in der Literatur berühmt geworden als heimlicher Treffpunkt Hölderlins mit Susette Gontard, der „Diotima“ seiner Dichtung, wo die beiden Briefe tauschten und wenige Minuten miteinander flüstern konnten. Denn in den Jahren 1797–1800 hatte Justinian von Adlerflycht, einem Brauch der Zeit folgend, seinen Sommersitz an den Frankfurter Bankier Jakob Friedrich Gontard vermietet, den Gatten der jungen Hamburgerin Susette Borkenstein, der hier mit seiner Familie und dem Erzieher seiner Kinder, Friedrich Hölderlin, den Sommer verbrachte. In einem Brief an seine Schwester rühmt der Dichter den Garten mit seinen Kastanienbäumen und „die herrliche Aussicht aufs Gebirge“. Er selbst schied von hier 1798 und kam dann am ersten Donnerstag jeden Monats von Homburg herüber an jene Hecke.

In der Umgebung des Oederwegs sind heute sämtliche Spuren des „Adlerflychthofes“ verschwunden; nur am Adlerflychtplatz erinnern noch die in jedem Frühjahr rot blühenden Kastanien an ihre Vorgängerinnen, deren Blütenpracht Hölderlin in seinem Gedicht „Die Muße“ zu einem Zeugnis seines letzten Glücks ward: „Wie an tausend Zweigen des Hains, wie an brennenden Kerzen das Flämmchen des Lebens glänzt, als die rötliche Blüte.“

Sankt Georgen

Inmitten eines von Mauern umfriedeten Parks an der Offenbacher Landstraße, Oberrad benachbart, hat die Philosophisch-Theologische Hochschule von Sankt Georgen seit mehr als vierzig Jahren ihr Domizil. Hoch über die Gebäude, schon von fern erkennbar, ragt auf dem Dachreiter der Alumnenkapelle ein 2,50 Meter hohes kupfernes Kreuz als sakrales Wahrzeichen gen Himmel. An Vorbesitzer aus dem Frankfurter Patriziat erinnert das vornehme schmiedeeiserne Eingangsportal, von zwei Basaltpfeilern als Trägern dekorativer Laternen flankiert. Über dem abschließenden Rundbogen der Pforte erscheint als krönender Schmuck ein Medaillon mit der Gestalt eines Sankt Georg, der hoch zu Roß mit seiner Lanze auf ein Drachenungetüm zielt. Als Schutzpatron des Bistums Limburg, zu dessen Diözese St. Georgen gehört, ist dieser Heilige das Wahrzeichen der Hochschule.

Schon seit über hundert Jahren war der Park mit seinem reichen Bestand einheimischer und exotischer zum Teil seltener Laub- und Nadelbäume eine Sehenswürdigkeit. Heute befinden sich dort rund 140 verschiedene Gattungen und weit über 250 Arten verschiedener Hölzer. In der dendrologisch interessanten Kollektion dieses Parkes kann man den Urweltmammutbaum (Metasequoia) und eine Eibe mit einem Stamm von vier Metern Umfang bewundern, die in japanischen Tempeln kultivierte Sicheltanne (Sciadopitys), die Tränenkiefer (Pinus griffithii) mit ihren über 20 cm langen herabhängenden Nadeln, den kalifornischen Mammutbaum, der in seiner Heimat bis 100 m hoch wird; unter den Laubhölzern den Blauglockenbaum (Paulownia), der als Emblem im Wappen des japanischen Kaisers erscheint, die persische Parrotie und die zu ihrer Familie gehörenden Zaubernüsse aus Japan, China und Amerika, ferner den nordamerikanischen Geweihbaum, dessen Zweige nach Abfall der Blätter die bizarre Gestalt eines Hirschgeweihs zeigen. Mit schönen Farben erfreuen das Auge die Blütenstände des Trompetenbaumes, des Perückenstrauches und die Blätter der zwanzig verschiedenen Ahornarten. Zu den Veteranen zählt ein Gingko biloba, der noch aus Goethes Frankfurter Zeit stammt und dessen Blätter mit ihrem herzförmigen Einschnitt durch Goethes Deutung als Symbol beseligender Zweisamkeit berühmt geworden sind. Anklänge an theologische Symbolik bietet der Trinitatisbaum mit drei aus der gleichen Wurzel kerzengrade emporstrebenden Stämmen, deren ineinander verschlungene Kronen sich zu einer hochgewölbten Kuppel vereinen. Die gartenarchitektonische Konzeption des Parks führt auf Sebastian Rinz, den Schöpfer des Frankfurter Anlagenringes, zurück und ist ohne Stilbruch in unversehrter Reinkultur erhalten geblieben als ein Vermächtnis, das in Sankt Georgen mit gewissenhafter Sorgfalt gehütet und verwaltet wird.

Überaus bescheiden waren die jetzt über 180 Jahre zurückliegenden Anfänge der Kultivierung dieses Anwesens durch Johann Jakob Hollweg, der 1780 seit seiner Heirat mit Susanne Elisabeth Bethmann, einer Schwester des Bankherrn und Staatsrats Simon Moritz Bethmann, deren Namen mit dem seinigen verbunden hatte. Während die Landwirtschaft des Oberrader Gutes an einen Bauern verpachtet war, verblieben den Bethmann-Hollwegs als sommerlicher Aufenthalt ein schlichtes Wohnhaus fränkischer Bauart und ein Ziergarten.

Im Februar 1803 gelangte das Gut durch Verkauf an den Kurtrierischen Geheimrat und einstigen erzbischöflichen Hofbankier Heinrich Mülhens, der nach der Säkularisation des Trierer Erzbistums nach Frankfurt übergesiedelt war. Hier hatte ihm der berühmte Architekt Salins de Montfort zu einem ansehnlichen Palais in der Großen Eschenheimer Gasse verholfen. Da Mülhens das rege Interesse seiner Freunde Bethmann-Hollweg und Willemer an allen Bestrebungen auf künstlerischem und sozialem Gebiet teilte, wurde das neuerbaute Herrenhaus seines Oberrader Gutes zu einer Stätte regsten geistigen Austausches. Der musikalische Mittelpunkt dieses Kreises war Moritz August von Bethmann-Hollweg (der Großvater des letzten Kanzlers des deutschen Kaiserreiches), einer der Mitbegründer des für die Frankfurter Musikkultur bahnbrechenden „Cäcilienvereins". Als er 1820 zum preußischen Kultusminister ernannt wurde und nach Berlin zog, beklagte Marianne von Willemer in wehmütigen Versen sein Ausscheiden, da sein schöner Baß bei Oratorienaufführungen kaum zu ersetzen sei. — Auf Mülhens' Freunde bezieht sich auch Pestalozzis Dank an seine Frankfurter Gönner, an denen er für seine pädagogischen Ideen die „ersten kraftvollsten Anhänger" gefunden hätte. Zu den Wortführern seiner pädagogischen Bestrebungen gehörte auch Karl Ritter, damals noch Erzieher der Hollwegschen Kinder, später bekannt als Begründer der vergleichenden Erdkunde und der Geographie als Wissenschaft. Da der Freiherr Karl vom Stein nach Niederlegung seiner Staatsämter vielfach vom Januar bis Mitte Juni mit

Frau und Tochter in Mülhens' Stadtpalais sein Standquartier hatte und regelmäßig in Oberrad erschien, nahm auch er regen Anteil an der Geselligkeit auf dem Gut seines Freundes.

Schmerzlich wurde diese erlesene Geistesgemeinschaft betroffen, als Mülhens nach dem Tod seiner Gattin jede Geselligkeit mied und 1824 das Oberrader Gut seiner ältesten Tochter Marianne vermachte, der Gattin des Barons Karl Ludwig von Leonhardi. Als dann noch das Herrenhaus durch einen Brand bis auf die Fundamente vernichtet wurde, blieben die Gäste aus und die Leonhardis, die zehn Kinder zu versorgen hatten, entschlossen sich 1840 zu einem Verkauf des Gutes. Bei der Versteigerung der Besitzung wurde der Zuschlag dem höchsten Angebot von 34 900 Gulden erteilt. Der neue Eigentümer mit dem feudal klingenden Namen Johann Georg Konrad von Saint George, über den zunächst das Gerücht kursierte, er entstamme einer Familie des französischen Hochadels, erwies sich schließlich als waschechter Hesse, dessen erster nachweisbarer Ahne mit dem Vornamen Ambrosius von 1537 bis 1597 zu Treysa im Bezirk Kassel Badstüber, also Zahnarzt und Heilpraktiker gewesen war, während seine Nachkommen zu Hofkammerräten, Rentmeistern und Syndici im Dienste hessischer und nassauischer Fürsten avanciert waren. Johann Georg von Saint George hatte sich seit 1800 als Angestellter des Bankhauses Bethmann bewährt, genoß das Vertrauen seiner Chefs und gelangte 1809 durch seine Heirat mit Marie Louise Bethmann-Hollweg in den Besitz des Frankfurter Bürgerrechts und zu gesellschaftlich arrivierter Stellung. Mit dem Geltungsdrang eines Neureichen ließ er sich im Südteil der Neuen

Mainzer Straße, dem damaligen vornehmsten Wohnviertel der Patrizier, Diplomaten und Fürstlichkeiten, ein elegantes Palais einrichten und gab seinem Oberrader Landsitz durch Zukauf angrenzender Terrains einen herrschaftlichen Zuschnitt. Mit der Umwandlung des schlichten Ziergartens in einen Park nach englischem Muster betraute er Sebastian Rinz, der dem Gelände die größtmöglichen ästhetischen Wirkungen abzugewinnen wußte. Sein leitendes Prinzip war, jedem Naturgebilde Raum zu unbehinderter Entfaltung zu gewähren. Mit ausdrücklichem Verzicht auf Grotten, Lauben oder Eremitagen hat man bis heute Rinz' Trennung des Parks von einem angrenzenden, durch Buschwerk getarnten Nutz- und Gemüsegarten beibehalten. Als einziges architektonisches Gebilde findet man am Ende eines stillen, von Bäumen beschatteten Weges einen auf Säulen ruhenden, überkuppelten klassizistischen offenen kleinen Tempel. Ehemals mag er als Teehaus gedient haben; jetzt aber ist er geweiht durch eine Marienstatue, zu deren Füßen ein reicher Blumenflor der Stätte das Gepräge eines sakralen Idylls verleiht.

Da St. Georges beide Ehen ohne Stammhalter blieben, erbte seine älteste Tochter Katharina 1863 das Gut, das ihr Vater nach seinem Namen „Sankt Georgen“ genannt hatte, der aber mit dem heutigen Namen nichts mehr zu tun hat. Katharina, die mit dem Bankherrn Peter Carl Grunelius vermählt war, hat es nach dessen Tode mit Geschmack und Energie verstanden, das seigneuriale Gepräge ihres Besitzes durch den Neubau eines ansehnlichen Herrenhauses zu erhöhen. Auf ihr Betreiben ist auch das schmiedeeiserne Eingangsportal errichtet worden. Passioniert für Gartenkunst, fand sie an Sebastian Rinz' Enkel und Nachfolger im Amt des Frankfurter Gartenbaudirektors, Andreas Weber, einen Berater, auf dessen Veranlassung durch Beseitigung sperriger Baumreihen im Süden des Parks ein prächtiger Fernblick auf die Silhouette des Frankfurter Doms freigelegt wurde.

Im Jahre 1892, nach dem Tode seiner Mutter, wurde ihr Sohn Moritz Eduard Grunelius Eigentümer von Sankt Georgen. Moritz Eduard von Grunelius, im Jahre 1900 geadelt, ließ einen Wintergarten, die spätere „Glashalle", herrichten und den Altbau durch ein Obergeschoß mit sieben Räumen aufstocken. Er war mit der Baronin Olga von Bethmann, einer Enkelin des Staatsrates, verheiratet. Damit erscheint am Beginn und am Ende einer säkularen Zeitspanne ein Träger des Namens Bethmann als erster und letzter Eigentümer von Sankt Georgen.

Als die bisherige „Villa Grunelius" im Oktober 1926 in den Besitz der Diözese Limburg übergegangen war und bei ihrer Weihe zu einer Philosophisch-Theologischen Hochschule durch den Limburger Bischof Dr. Augustinus Kilian den Namen „Sankt Georgen" empfing, geschah dies nicht in Erinnerung an den protestantischen Vorbesitzer Saint-George, sondern aus Verehrung für ihren Schutzheiligen Sankt Georg.

Sebastian Rinz, der Gestalter des Frankfurter Anlagenringes

Es entsprach der Familientradition, daß Sebastian Rinz, als Enkel und Sohn der Betreuer des Rokokogartens vom adeligen Schloßgut zu Haimhausen im Bezirk

Dachau 1782 geboren, ebenfalls Gärtner wurde. Nach Absolvierung seiner Lehrzeit in der Kurfürstlichen Hofgärtnerei von Schleißheim hatte er beim Fürstbischof Franz Ludwig von Erthal zu Würzburg eine Anstellung gefunden und hier einen Rokokopark nach dem Vorbild von Versailles zu pflegen, der mit seinen schnurgeraden auf die Mittelachse des Schlosses ausgerichteten Wegen, mit Springbrunnen an den Kreuzungspunkten und gestutzten Heckenwänden als Kulissen nach den Regeln der Architektur orientiert war. Hinter den Arkaden des Schlosses aber war ein Teil des Parks im englischen Stil angelegt mit einer ganz anderen Landschaftsgestaltung. Hier lernte Rinz eine Parkanlage kennen, die den wechselnden Formationen des Bodens angepaßt war in reizvollen Wiesenflächen, Weihern, Laubengärten, mit Felspartien und Schluchten, gotischen Ruinen, lauschigen Pavillons, wie es der damaligen Vorliebe für das Elegische und Idyllische entsprach. Auch Goethe hatte daher den Park von Weimar in diesem Stil anlegen lassen.

Während Rinz durch die Rokokoparks das Verständnis für Form und Perspektive, für das Ornamentale und Regelrechte gewann, wurde durch den englischen Stil seine schöpferische Phantasie geweckt, zumal als er dessen Vorzüge noch gründlicher im Park von Schönbusch bei Aschaffenburg kennenlernte, wohin er nach dem Frieden von Lunéville 1801 und der Besetzung Würzburgs durch bayerische Truppen zu dem Hofgärtner Bode kam. Bode war ein Schüler des Weilburgers Ludwig von Schell, der sich vier Jahre lang in England über die neuartigen Landschaftsschöpfungen unterrichtet hatte und auf Grund dieser Erfahrungen im Jahre 1789 zum Gestalter des Englischen Gartens in München und der Schloßparks von Nymphenburg und Biebrich berufen worden war. Bode hatte darum viel von ihm lernen können und Rinz wiederum von Bode, bei dem er fünf Jahre in Schönbusch blieb.

Das Jahr 1806 jedoch brachte Rinz seine Lebensaufgabe in Frankfurt, wohin ihn Carl Theodor von Dalberg berief, der bisherige Mainzer Kurfürst, den Napoleon zum Protektor des Rheinbundes mit dem Amtssitz in Frankfurt ernannt hatte. Da Dalberg befürchtete, in dem vorwiegend lutherischen Frankfurt mit seiner seit Jahrhunderten auf ihre Reichsfreiheit stolzen Bürgerschaft Abneigung oder gar Opposition zu begegnen, schickte er seinen ihm schon als Kurmainzer Hofkammerrat vertrauten Berater Jakob Guiollett nach Frankfurt, um die Atmosphäre zu sondieren. Dalberg selbst, der Aufklärungsepoche geistig verbunden, war ein Anhänger der Bestrebungen zur Förderung des sozialen Fortschritts und der bürgerlichen Wohlfahrt. Daher war er mit Guiolletts Vorschlägen, anstelle der geschleiften Festungswerke ganz Frankfurt mit einem Grüngürtel von Anlagen zu umgeben und damit die Sympathien der Bürgerschaft zu gewinnen, durchaus einverstanden.

Stellenweise hatte die Stadt schon seit 1770 veraltete Befestigungen beseitigt und ihren Gärtner Georg Flötner mit der Bepflanzung des Vorwerks am Bockenheimer Tor beauftragt. Anstatt dieser etwas stümperhaften Anlage wollte Guiollett im Stil englischer Parks breite Promenaden mit landschaftlich schönen Ausblicken schaffen. Er wußte, daß er fachkundige Beratung hierfür nur in Schönbusch von dem Obergärtner Bode erhalten konnte und wandte sich daher an diesen. Bode erklärte ihm, daß für die neuartige Aufgabe von allen seinen Assistenten nur der 24jährige Sebastian Rinz in Frage käme, der sich außerdem als umsichtiger Rechner für Kostenanschläge erwiesen habe. Es wurde vereinbart, daß Rinz umgehend nach Frankfurt beurlaubt würde, „leihweise" für einige Wochen, ohne seinen Schönbuscher Posten und sein dortiges Gehalt zu verlieren.

Mitte August 1806 kam Rinz nach Frankfurt und machte sich nach einem kurzen Überblick sofort an die Arbeit. Sorgen aber bereitete Dalberg die Beschaffung von 1500 Gulden, die Rinz für die Gestaltung des ersten Abschnittes vom Eschenheimer zum Bockenheimer Tor anforderte. Dalberg wohnte im August 1806 noch in Mainz und sollte seinen Amtssitz in Frankfurt offiziell erst am 2. Januar 1807 übernehmen. Dann würde ihm ein Etat von einer Million Gulden zur Verfügung stehen; bis dahin aber sah er sich außerstande, über beträchtliche Geldsummen zu disponieren und hielt es auch für nicht ratsam, angesichts der den Frankfurtern vom französischen Militär zugemuteten Kriegskontributionen den Senat der Stadt um einen Vorschuß anzugehen. Guiollett aber wußte Rat und schlug Selbsthilfe vor. Die 1500 Gulden wollte er beschaffen. Für die weitere Förderung des Anlagenplanes bemühte er sich in Privatgärten von Sachsenhausen um Pflanzen und junge Bäume, während Rinz an jedem Sonntag in aller Frühe mit Körben und Säcken beladen den Stadtwald und den Taunus auf der Suche nach Fichten, Birken und Sträuchern durchstreifte. „Das ist und wird alles ohne Unkosten gemacht", berichtete Goethes Mutter nach Weimar. Rinz nutzte alle Beziehungen aus: der Mainzer Hofgärtner in Königstein mußte Zierpflanzen — Rosen, Tulpen und Geranien — herausrücken; bei Bode, Rinzens Prinzipal in Schönbusch, war die Ausbeute so groß, daß Rinz einen Lastkahn chartern mußte; auf der Fahrt mainabwärts handelte er beim Abt des Klosters von Seligenstadt Mutterpflanzen und Ableger auf Kredit ein. Nach drei Monaten, schon Ende Oktober, hatte er den ersten Abschnitt des Promenadenringes zwischen Eschenheimer und Bockenheimer Tor geschafft, eine Augenweide, die die Spaziergänger anlockte und von Frau Aja als „Elysium" und „Feerei" gepriesen wurde, wobei sie nicht vergaß, auf die vorherigen Pfuscher des Bauamts zu schelten, „unsere alten Perücken, die sowas bis ans Jüngste Gericht nicht zuwege gebracht hätten".

Inzwischen waren Dalbergs Finanznöte behoben und er kargte nicht mit Zuschüssen. Als 1808 der Vertrag des alten Stadtgärtners Flötner ablief, veranlaßte Guiollett, inzwischen zum Senator aufgerückt, das Bauamt, Rinz als Flötners Nachfolger anzustellen. Mitte Juni 1808 hatte Rinz seinen Vertrag in Händen und war mit 26 Jahren Frankfurter Stadtgärtner, mit ausreichender Besoldung und dem Auftrag, Lehrkurse abzuhalten, um botanischen Liebhabern Aufschlüsse über exotische Pflanzenraritäten zu erteilen. Jetzt beteiligte sich auch der Senat mit Zuschüssen und widmete Dalberg eine Dankadresse, auch im Namen des Bürgerausschusses.

Bis 1809 waren die Arbeiten an den Anlagen auf dem Abschnitt zwischen Friedberger Tor und Sandweg, 1810 die Strecke vom Bockenheimer zum Gallustor abgeschlossen. Im folgenden Jahr reichten die Anlagen bis an den

Main. Mit der Bewältigung der letzten Etappe vom Allerheiligen Tor zum Maintor wurde 1812 der Ring geschlossen. In sechs Jahren und mit einem Kostenaufwand von 13 080 Gulden war das Werk vollendet und Frankfurt damit die erste deutsche Stadt, die ihren Grüngürtel nach englischen Vorbildern gestaltet hatte. —

Kaum hatte die Bürgerschaft sich an diesem Erfolg erfreuen können, als Ende 1813, nach Dalbergs Abschied, Teile der in Rußland geschlagenen französischen Armee auf dem Rückmarsch in den Anlagen vandalisch hausten. Um Platz für ihre Wagen und Geschütze zu schaffen, rissen sie junge Bäume rücksichtslos aus und zertrampelten die Blumenbeete. Abermals half Guiollett: auf sein Betreiben geschah die Wiederherstellung auf städtische Kosten, und Rinz konnte in kürzester Zeit alle Schäden beheben.

Die Frankfurter Anlagen bildeten fortan außer dem Römer eine Attraktion für alle Fremden, denen der Name ihres Schöpfers Sebastian Rinz allerdings verborgen blieb, weil er in seiner Bescheidenheit niemals in Schriften oder Vorträgen hervortrat. Während Ludwig von Schell als Intendant der Königlichen Gärten von München, Peter Josef Lenné als Berliner Gartendirektor und Fürst Pückler als Gestalter seines Muskauer Parks berühmt wurden, blieb Rinz, obwohl ihnen ebenbürtig, nach außen hin unbekannt bis auf eine einzige Ausnahme: 1816 war der König von Preußen von einer Besichtigung der Frankfurter Anlagen so beeindruckt, daß er Rinz für eine Umwandlung der Kölner Befestigungs-Anlagen in Gartenglacis gewinnen wollte. Schon sollte diesem „auf Allerhöchsten Befehl" vom Frankfurter Senat ein sechswöchiger

Denkmal des Stadtgärtners Sebastian Rinz
in der Friedberger Anlage
Aufnahme von Anselm Jaenicke

Urlaub für den Entwurf von Plänen für Köln bewilligt werden, als deren Verwirklichung an dem Widerstand der Generalität scheiterte, die gegen die Schleifung der längst überholten Bastionen protestierte. — Nur in Frankfurt blieb Rinz unvergessen. Ein Denkmal von Heinrich Petry wurde ihm errichtet, das während des zweiten Weltkrieges schon zum Verschrotten nach Hamburg verfrachtet war, als es durch die Bemühungen des Gartendirektors Heinrich Heyer gerettet und in der Friedberger Anlage aufgestellt wurde. Außerdem erhielt eine Straße zwischen Miquelallee und Grüneburgpark seinen Namen. Auch an Jakob Guiollett, den Initiator des Anlagenprojektes, erinnern eine Straße und eine Büste. Nach Guiolletts Ableben am 5. September 1815 ist Rinz noch 46 Jahre als Frankfurter Stadtgärtner im Amt geblieben. Von ihm stammen die Pläne für die Promenade des „Nizza", die sich seinem Wunsch entsprechend bis zur Wilhelmsbrücke erstreckt. Mit der Gestaltung von Parks aus Frankfurter Privatbesitz begann dann ein neuer Abschnitt in Rinz' Schaffen. Er hat auch die Entwürfe zu dem Park an der Offenbacher Landstraße geliefert, der heute in seinem Sinne von der Philosophisch-Theologischen Hochschule Sankt Georgen gepflegt wird.

Das Haar- und Nagelkind des Reimerich Kinderlieb

Zur Beruhigung seiner kleinen Patienten hatte Heinrich Hoffmann, der seit 1835 als Arzt in Frankfurt praktizierte, auf seinen Rezeptblock, während die Mütter über ihre unbändigen Schlingel klagten, den Kasper, der seine

Suppe nicht essen wollte, den Tierquäler Friedrich und vor allem den struwweligen Wirrkopf mit ellenlangen Nägeln, der sich nicht kämmen und die Nägel schneiden lassen wollte, hingekritzelt und legte sie den weinenden kleinen Kranken auf die Bettdecke. Dann hellten sich die ängstlichen Gesichtchen der Kinder auf, denen der Doktor als Kinderschreck hingestellt worden war, und der spaßige Doktor hatte ihr Zutrauen gefunden.

Aus diesen als Beruhigungsmittel verwendeten Skizzen sind die Grundfiguren des Struwwelpeters entstanden. Im Lauf seiner Praxis hat Hoffmann sie immer mehr verbessert, um ihre Wirkung zu steigern. Einige dieser Zeichnungen kolorierte er schon mit Tusche. Die Wahl der Farben und die Führung der Linien paßte er der von ihm so gut beobachteten Mentalität kleiner Kinder an. Der „Struwwelpeter", bald der erklärte Liebling seiner Patienten, war noch ein Anonymus, ein namenloses „Haar- und Nagelkind". Dem in der Volkssprache geisternden, noch ganz körperlosen „Strubbelpeter" hat Hoffmann zu seiner unverwechselbaren Gestalt verholfen.

Als am 11. Dezember 1844 sein Töchterchen Lina zur Welt kam und die Mutter noch der Schonung bedurfte, fiel dem Vater die Besorgung von Weihnachtsgeschenken für den dreieinhalbjährigen Sohn Karl zu. Karl wünschte sich ein Bilderbuch. In einem Buchladen wurde Hoffmann „vielerlei Zeug" angepriesen: Indianer- und Räubergeschichten, affektierte kindliche Texte, süßsäuerliche Moralgeschichten, alles gleich ungeeignet für Karlchens Altersstufe. Hoffmann entdeckte, daß bisher kein einziger Bilderbuchverleger oder -autor an die Analphabeten gedacht hatte. Auch bestärkte ihn das Angebot in seiner

Überzeugung, daß kleine Kinder nur das Handgreifliche, im buchstäblichen Sinn Augenfällige verstehen können. Er war also auf Selbsthilfe angewiesen. Zehn Tage blieben noch bis Weihnachten, in denen er es unternahm, mit seinem Vorrat kolorierter Beruhigungszeichnungen ein gewöhnliches Schreibheft in ein Bilderbuch zu verwandeln. Und was für ein Bilderbuch!

Hoffmann hatte keine zeichnerische und literarische Routine. Aber er war auch kein Laie. Zeichnen war für ihn von Jugend an die spontane Form, in der er auf Vorgänge seiner Umwelt reagierte. Sein Vater, Architekt, lenkte durch regelmäßigen Unterricht diese Improvisationen auf systematische Übungen hin. Die Grundregeln der Perspektive, Symmetrie und Raumaufteilung waren ihm schon früh geläufig. Hinzu kam jene Einsicht, die für den ungeahnten Erfolg des Buches ausschlaggebend und für seine Zeit ungewöhnlich war: die Einsicht in die Erlebniswelt des Kindes. Er spürte, daß Komik, die nicht im Vorgang selbst liegt, ebensowenig in der Vorstellung des kleinen Kindes beheimatet ist wie Idealisierung und Abstraktion. Auch für die Verse, die er den Bildern beigab, wurde ihm diese Einsicht maßgebend. Er ordnete sie den Bildern unter, sie beschreiben nicht, sie führen nur die Handlung fort und lenken zum genaueren Hinschauen. Aus Bild und Vers zauberte er eine Welt, die vom Standort des Kindes aus gesehen ist: Der Autor hat, soweit dies einem Erwachsenen überhaupt möglich ist, die Position des Kindes selbst angenommen. Diese Fähigkeit ist gewiß heute noch selten. Damals war sie sensationell.

Das Besondere dieses Buches wurde auch alsbald erkannt. Hoffmanns Freunde von der „Tutti-Frutti“ —

einem Zirkel von Akademikern, Literaten, Malern und Kunstfreunden, dem auch Karl Gutzkow und Moritz von Schwind angehörten — bestürmten ihn, den „Struwwelpeter“ zu veröffentlichen. An einem Abend in den ersten Januartagen des Jahres 1845, in vorgerückter Stunde und Stimmung willigte er ein, seine „belanglose Kinderei“ dem anwesenden Dr. Loening anzuvertrauen, der erst vor kurzem mit seinem Freund Josef Rütten den Verlag der „Literarischen Anstalt“ gegründet hatte. Sämtliche fünfzehnhundert Exemplare waren in vier Wochen vergriffen. 59 Kreuzer kostete jedes Stück. Amerikanische Sammler boten später über tausend Dollar. Der Autor dieser „Lustigen Geschichten und drolligen Bilder“, die ausschließlich für Kinder von drei bis sechs Jahren bestimmt sein sollten, figurierte auf dem Titelblatt als „Reimerich Kinderlieb“. Erst bei der fünften, auf zwanzig Blätter erweiterten Auflage gab er sich mit vollem Namen als Vater seiner Schlingel bekannt. Den Einband wünschte er aus starkem Pappdeckel mit elastischem Rücken. Ohne Anspruch auf schonungsvolle Behandlung sollten die Bücher „reißend“ abgehen und nach Belieben bekritzelt werden. Um der kindlichen Phantasie Platz für eigene Einfälle zu lassen, hatte Hoffmann das Mobiliar der Szenen auf das Notwendigste eingeschränkt. Seltsam mutet es an, daß der Struwwelpeter in den beiden ersten Auflagen erst auf der letzten Seite als Beschluß der Bilderfolge auftauchte. Hiergegen protestierten die Leser, vor allem die Kinder. Auf ihr Drängen wurde ihr Liebling der Titelheld des Bilderbuches. In der dritten Auflage erschien der Struwwelpeter zum erstenmal auf dem Umschlag.

Vielerlei modische Veränderungen hat sich das populärste Kinderbuch im Laufe der Zeit gefallen lassen müssen. Spätere Herausgeber haben den Struwwelpeter umkostümiert, offensichtlich ohne Gefühl dafür, daß er — wie der Hanswurst des Kasperletheaters oder der Eulenspiegel im Narrengewand — zu einem zeitlosen Typ gediehen war.

Die Fürsorge für die Kleinen, die einer fortlaufenden Erzählung noch nicht folgen können, gab Hoffmann eine Anordnung der Figuren ein, die heute wie eine Vorahnung des Trickfilms erscheint: sie verändern ihre Bewegung gleichsam „ruckartig" von Bild zu Bild, behalten aber immer ihre charakteristische Silhouette, ihre typische Haltung bei. Besonders augenfällig geriet dieser Effekt beim Sonntagsjäger, wo drei verschiedene Phasen des Abenteuers im Bilde vergegenwärtigt werden. Fabelhaft anschaulich bleibt vor allem der Suppenkasper; auch beim letzten Schwund zu einem Fädchen deutet die Figur immer noch auf die charakteristischen Merkmale des dicken und kugelrunden Buben: auf den in der Ellbeuge hochgestreckten rechten Arm, auf das angehobene Knie des rechten Beines, auf den vorgespreizten Fuß.

Für die Spannweite von Hoffmanns Zeichentalent zeugen schließlich auch seine Ornamente auf dem ersten Blatt mit weihnachtlichen Motiven; mehr noch die Geschichten vom bösen Friedrich und den Tintenbuben. Die Schwingungen der Linien und Schnörkel mit Einsprengseln von Blättern und Blüten berechtigen zu der Annahme, daß Hoffmann in der Kunstbibliothek seines Vaters, in der berühmten Gemäldegalerie seines Großvaters und Paten, des Weinhändlers Johann Heinrich Lausberg, und im ständigen Umgang mit Künstlern sich über das Wesen von Ornamenten orientiert hat. Sie sind nicht willkürlicher Schmuck, sie beleben die im Grunde nüchternen Begebenheiten seiner Geschichten. Durch das Zierwerk dieser Ranken und Schnörkel, auf denen der böse Friedrich, der Mohr und die Tintenbuben mit der Grazie von Tänzern balancieren, werden die Figuren und die Vorgänge in eine irreale Sphäre gerückt, in das Reich eines märchenhaft unbestimmten Überall und Nirgends.

II

DICHTUNG UND WAHRHEIT

Wie Frankfurt Goethe ehrte

Nach siebzehnjähriger Abwesenheit hielt Goethe sich im Herbst 1814 vom 12. bis 24. September und vom 11. bis 20. Oktober zum erstenmal wieder in seiner Vaterstadt auf. Merkwürdigerweise aber zog dieses Wiedersehen „stiller vorüber, als es wohl eigentlich hätte geschehen sollen“. So jedenfalls wunderte sich darüber noch nach Jahren der Frankfurter Buchhändler und bekannte Verfasser des „Puppenhauses“ Carl Jügel. Dem schien allerdings ein begeisterter Bericht in Cottas „Morgenblatt für gebildete Stände“ vom 28. September 1814 zu widersprechen, der ausführlich eine imposante Goethe-Ehrung im Frankfurter Nationaltheater durch eine Festaufführung des „Tasso“ in Anwesenheit des gefeierten Dichters schilderte.

Hiernach wurde Goethe von den Herren Direktoren des Theaters, die trotz ihrer „überhäuften Geschäfte während dieser sehr brillanten Messe in größter Eile die Aufführung des ‚Torquato Tasso' angeordnet hatten“, eingeladen, der Vorstellung eines seiner Meisterwerke beizuwohnen. „Als er abends in die Loge trat, die mit Blumengewinden und Lorbeerkränzen geziert war, empfing ihn das überfüllte Haus mit lautem Jubel, der während einer schönen Symphonie von Haydn fortwährte und nur erst, als sich der Vorhang hob, verklang... Jetzt trat eine feierliche, ehrfurchtsvolle Stille ein. Man hatte Madame Vohs, die unter der Leitung Goethes eine Meisterin der mimischen Kunst ward, gewählt, um einen Prolog zu sprechen, der alles ausdrückte, was liebevolle Dankbarkeit und hohe Verehrung nur immer sagen können .. " Bei der folgenden Aufführung des „Tasso" war „Liebe zur Kunst auf dem Theater wie in Logen und Parterre sichtbar ... Der Schluß des Stückes wurde durch einen kurzen Epilog verherrlicht, in welchem Herr Werdy beide Kränze von den Hermen Ariosts und Virgils nahm und sie dem anwesenden Dichter hinreichte, der, als er das Theater verließ, durch die dichtgedrängten Reihen der Zuschauer freundlich dankend ging ... So ehrt Deutschland seinen Dichter und Frankfurt seinen berühmtesten Bürger!"

Diesen Bericht des „Morgenblattes", der von Berliner, Hamburger, Leipziger und rheinischen Zeitungen nachgedruckt wurde, haben die Zeitgenossen und ihre Nachfahren jahrzehntelang für echt gehalten; denn der Widerruf der Redaktion nach erst drei Monaten in der letzten Nummer des Jahres vom 31. Dezember 1814, daß es sich um einen Scherz gehandelt habe und die „Tasso"-Aufführung überhaupt nicht stattgefunden habe, war wenig beachtet worden, und die auswärtigen Blätter, die darauf hereingefallen waren, verzichteten wohlweislich auf diese Richtigstellung.

Wie aber war es zu dieser Mystifikation gekommen? Als sie überhaupt erst nach sechzig Jahren 1877 durch den Frankfurter Germanisten Professor Theodor Creizenach aufgedeckt wurde, hielt sich dessen Version, daß Willemer der Verfasser jenes Berichts gewesen sei, wiederum für

Jahrzehnte, und dies um so mehr, als Willemer 1800–1804 Mitglied der Oberdirektion des Frankfurter Theaters gewesen war und in den darauffolgenden Jahren als Aktionär des Theaters manche Reibereien mit der Direktion ausgetragen hatte. Mit Recht also konnte man annehmen, er habe mit dem erdachten Festbericht dem Theater einen Schabernack spielen wollen. Die Annahme Creizenachs, der von den Erben Marianne von Willemers mit der Herausgabe der in ihrem Nachlaß befindlichen Briefe betraut war, wurde auch dadurch gestützt, daß im Anschluß an den Widerruf der Redaktion in jener letzten Jahresausgabe des „Morgenblattes" von 1814 eine Fußnote, die nachweislich von Willemer stammt, Bezug nahm auf die „im Morgenblatt erwähnte theatralische Weihe, durch welche die Frankfurter Oberdirektion die Anwesenheit unseres Goethe in seiner Vaterstadt gefeiert hat".

Erst 1959, in der Stuttgarter Jubiläums-Ausstellung zum dreihundertjährigen Bestehen des Cotta-Verlages, kam auch eine Mitteilung des „Morgenblatt"-Redakteurs Friedrich Haug vom 19. November 1814 an seinen Chef Johann Friedrich Cotta ans Tageslicht, in der er diesem bestätigte, daß der Artikel, wie Goethes Anwesenheit in Frankfurt gefeiert wurde, „ganz falsch" gewesen sei. „Herr Robert sandt ihn ein. Er gestand mir, daß er denselben absichtlich verfertigt habe, um die Frankfurter für ihren unentschuldbaren Kaltsinn zu necken, daß sie für Goethe, ihren berühmtesten Bürger, der nach 17 Jahren seine Vaterstadt wieder besuchte, nichts, gar nichts taten. Sie hatten nicht das Herz, zu widerrufen." — Dieser Ludwig Robert, der selbst Theaterstücke schrieb, u. a. „Die Tochter Jephtas", von Goethe 1811 in Weimar aufgeführt, hieß eigentlich Levin und war der Bruder Rahel Varnhagens. Er war also Goethe auch dankbar gesonnen, und da er seit dem Sommer 1814 in Frankfurt lebte, sind sein Unmut über dessen Vernachlässigung seitens der Stadt und seine Autorschaft des bewußten Artikels durchaus denkbar. Ob etwa Willemer ihn dazu veranlaßt oder zumindest davon gewußt hat, ob es überhaupt eine Verbindung zwischen den beiden Männern gegeben hat, die durch ihre Arbeit jedenfalls Berührungspunkte miteinander hatten, ist im Rückblick nicht mehr feststellbar.

Tatsache aber ist der fingierte Bericht selbst, und reizvoll ist auch die weitere Tatsache, daß fünf Jahre später an Goethes 70. Geburtstag die Frankfurter Theaterdirektion die Lehre daraus gezogen hat: sie hielt sich genau an den Artikel im „Morgenblatt" und setzte für den 28. August 1819 eine Neuinszenierung des „Tasso" aufs Programm, für die ein nun wirklich von Madame Vohs gesprochener Prolog den festlichen Auftakt gab.

Ein Frankfurter Bürger: Goethes Grossoheim von Loën

Haustrauungen waren in Frankfurt noch durchaus ungewohnt, als der Kaiserliche Rat Johann Caspar Goethe im August 1748 um die Genehmigung für die Einsegnung seiner Ehe mit Katharina Elisabeth Textor in dem Landhaus „an der Windmühle" des Barons Johann Michael von Loën einkam. Warum dann nicht wenigstens, so fragte man sich im Frankfurter Konsistorium erstaunt, in dem stattlichen Haus des Brautvaters, des Stadtschultheißen

Textor an der Großen Friedberger Gasse, sondern ausgerechnet bei einem Reformierten, der von allen städtischen Ämtern ausgeschlossen war? Wer war dieser Herr von Loën, und in welcher Beziehung stand er zu dem Brautpaar?

Durch seine Heirat mit Katharina Sybille Lindheimer, einer Schwester der Brautmutter, war er freilich mit den Textors verschwägert. Dennoch konnte es in ganz Frankfurt nur der Konsistorialrat Dr. Johann Philipp Fresenius, der Senior des Predigerkollegiums und Freund und Seelsorger der Familie Textor, riskieren, die beantragte Trauung im Hause eines Freigeistes zu vollziehen.

Der Loënsche Besitz am Untermainkai, in dem die Goethesche Hochzeit am 20. August 1748 würdig begangen wurde, hatte erst sechs Jahre vorher seine feudale Note erhalten, als er in den Wahl- und Krönungstagen Karls VII. an den spanischen Gesandten Graf Montijo vermietet worden war, der mit verschwenderischem Aufwand eine Galerie vor der Front des Hauses und einen Festsaal mit achtundfünfzig Fenstern anbauen ließ und seinen Gästen im November das „ungewöhnliche Spektakel“ eines Feuerwerks auf dem Main bot. — Der kultivierte Geschmack der Inneneinrichtung entsprach dem Sinn des geistvollen Hausherrn von Loën und kam besonders in dem hohen Bibliothekssaal zum Ausdruck, dessen Einrichtung uns im Bilde auf von Loëns Exlibris erhalten geblieben ist. Der Katalog der Bibliothek weist die kostbaren Bücher aus, welche die bis an die Decke reichenden Regale füllten und die Bewunderung der Besucher erregten. Er selbst, Johann Michael von Loën, war ein Meister des Essays, der Kurzgeschichte in Briefform und vor Lessing vielleicht der einzige Deutsche, der eine flüssige Prosa schrieb, ohne barocken Schwulst, funkelnd von Witz und durchwürzt mit amüsanten Anekdoten.

Als Sohn eines holländischen Calvinisten, dem er Lebensernst und Ausgeglichenheit verdankte, und einer französischen Mutter aus dem burgundischen Adelshaus der Passavant 1694 geboren, schon mit neun Jahren verwaist, erbte von Loën nach dem Studium der Rechte von seinem Großvater Passavant im Dezember 1718 ein ansehnliches Vermögen, das ihm jahrelang ausgedehnte Reisen ermöglichte. Sie führten ihn nach Berlin und Potsdam, wo der Sechsundzwanzigjährige bereits mit dem Titel eines preußischen Hofrats ausgezeichnet wurde, nach Prag und Paris, Wien und Dresden und brachten ihn überall mit bedeutenden Zeitgenossen zusammen. Ausgestattet mit dem Esprit und der Grazie seiner Mutter, hat er die Größen seiner Zeit in seinen Essays treffsicher porträtiert und durch seine Schilderung der Residenzen den Kulturhistorikern eine Fundgrube reichen Materials erschlossen. Angeboten von Staatsämtern entzog er sich einstweilen und ließ sich nach dem Tode seines Bruders, von dem er den Landsitz an der Windmühle erbte, 1724 in Frankfurt nieder. Außerdem erwarb er den Gutshof Mörfelden bei Groß-Gerau, dessen Landwirtschaft er verpachtete, wo er im Sommer jedoch gern der „gelehrten Ruhe“ pflegte und im beschaulichen Genuß der Natur dieses „holdselige Revier“ als „Damons Landlust“ in ausführlichen Gedichten beschrieb, denen der Schwung seiner Prosa jedoch fehlte. Sein dichterisches Vorbild war die Lyrik des Hamburger Ratsherrn Berthold Heinrich Brockes und dessen „Irdisches Vergnügen in Gott“.

Die Glaubensstreitigkeiten seiner Zeit rissen von Loën seit 1745 aus der Beschaulichkeit seines Landlebens heraus. Er fühlte sich verpflichtet, nicht als Reformierter, sondern als überparteilicher Mahner zur Toleranz und zur Versöhnung zwischen den Konfessionen einzugreifen. Schon der Titel seiner Hauptschriften auf diesem Gebiet deuten diese Absichten an: „Evangelischer Friedenstempel" und „Die einzig wahre Religion, allgemein in ihren Grundsätzen, verwirrt durch die Zänkereien der Schriftgelehrten, zerteilet in allerhand Sekten, vereinigt in Christo."

Auch in anderen Schriften zeigte von Loën sich als Philantrop, der seiner Zeit weit voraus war: er forderte unter der Maske eines Europa bereisenden „Utopianers" eine verbesserte Stadtanlage mit freistehenden Häusern, umgeben von „Grünigkeiten"; er schlug breite Promenaden und hochstämmige Bäume vor, ein Gesundheitsamt für jeden Distrikt mit festbesoldeten Ärzten, die alle Familien regelmäßig besuchen und die Armen umsonst behandeln sollten. — Sein Hauptwerk, „Der redliche Mann am Hofe oder die Begebenheit des Grafen von Rivera", in dem er seine Ideen zu einer Reform des Staates entwickelte, zeigte Anklänge an Friedrichs des Großen „Anti-Macchiavell". — Als ihm durch seinen Freund, den Großkanzler Cocceji, im Jahre 1752 der Posten des Regierungspräsidenten für die Grafschaften Lingen und Tecklenburg im Emsland angeboten wurde, ergriff er diese Möglichkeit, seine Ideen in die Praxis umzusetzen und gab zum Erstaunen ganz Frankfurts, besonders auch Goethes Vaters, noch mit 58 Jahren seine Unabhängigkeit und sein angenehmes Leben in Frankfurt auf, um in einem abseitigen Winkel Westfalens zu verwirklichen, was er in seinen Schriften verkündet hatte. Fünf Jahre ersprießlichen Wirkens waren ihm hier vergönnt, als 1757 nach dem Ausbruch des Siebenjährigen Krieges die Franzosen ihn als Geisel nach Wesel schafften und ihn dort vier Jahre in einem elenden Zimmer in Haft hielten, bis sein Sohn, der in Lingen die Akademie besuchte, sich bereiterklärte, seinen Vater im Arrest abzulösen. Von Loën blieb dann noch vier Jahre im Amt, bis ein Augenleiden ihn veranlaßte, in den Ruhestand zu treten. Trotz einer mißlungenen Star-Operation, die Goethes Straßburger Jugendfreund Jung-Stilling ausgeführt hatte, beschäftigte von Loën sich auch in seinen letzten Lebensjahren mit den literarischen Erzeugnissen des Sturms und Drangs, obwohl diese Epoche eigentlich nicht mehr die seine war. Aber die Werke von Lenz und Klinger standen in seiner Bibliothek, und nicht nur las er den „Werther" seines jungen Großneffen, sondern verschaffte sich auch eine Auswahl der Werther-Nachahmungen. Geistig rege bis zuletzt, starb er in Lingen am 24. Juli 1776 mit 82 Jahren und wurde dort in der Gruft der Kirche neben seiner Gattin beigesetzt.

So wie er das Jugendwerk Goethes gelesen hatte, ist dieser auch an den Schriften des Großoheims nicht vorbeigegangen. Als er später in „Dichtung und Wahrheit" die Wahl und Krönung Josephs II. (1764) beschrieb, erinnerte er sich an von Loëns „Lettres curieuses", Brief-Essays mit ausführlichen Schilderungen der Krönungstage Karls VII. und des damit verbundenen diplomatischen Treibens hinter den Kulissen. Laut Nachweis von Siegfried Sieber hat Goethe diese Darstellungen mit seinen eigenen Studien und Eindrücken verwoben und bereichert. Goethe hat aber auch seinem Großoheim ein schönes Denkmal gesetzt im sechsten Buch von „Wilhelm Meisters Lehrjahren“ in den „Bekenntnissen einer schönen Seele“ durch die Gestalt des Oheims: nicht nur entsprechen dessen vollendete Humanität, dessen Herzenstakt und Zartgefühl dem Vorbild der Persönlichkeit von Loëns, sondern auch die Einrichtung seines Wohnsitzes, wie Goethe sie schildert, stimmt überein mit der Ausstattung des Gartenhauses „an der Windmühle“, in der die Trauung von Goethes Eltern stattfand.

Neugestaltung des Hauses „Zu den drei Leiern“ nach Johann Caspar Goethes Entwürfen

Schon kurz nach seiner Heirat mit Katharina Elisabeth Textor (20. August 1748) trug sich Johann Caspar Goethe mit dem Gedanken, das winkelige Nebenhaus an der Nordseite seines Hauses am Großen Hirschgraben abzureißen und einen Neubau zu errichten, der dem Haupthaus in gleicher Höhe symmetrisch angegliedert werden sollte. Außerdem wollte er die bisherige Renaissance-Fassade in der Art des vom Barock zum Rokoko überleitenden Regencestils umgestalten und dabei die dämmerigen Butzenscheiben durch breite, bleigefaßte „Spiegelfenster“ ersetzen, die das volle Sonnenlicht hereinließen.

Goethes Angaben, daß sein Vater ohne einen Architekten „die ganze Einrichtung ersonnen“ und als sein eigener Bauleiter die Neugestaltung „mit großer Standhaftigkeit“ durchgeführt habe, werden bestätigt durch die

Entwürfe des Umbaus, die eine Reihe von Bleistiftkorrekturen von der Hand des Herrn Rat aufweisen. Der Eindruck eines „geschickreichen, alles wohl ordnenden, klug anstellenden Mannes“, den Lavater schon auf Grund eines Porträts von Goethes Vater empfangen hatte, wird bestätigt durch die Maße der zugleich vornehmen und behaglichen intimen Räume, ganz besonders auch durch die imposante Anlage des breiten Treppenhauses mit seinen geräumigen vorgelagerten Fluren, eine zweckmäßige Lösung in gefälliger Form.

Da im Frankfurt jener Zeit Handwerk und Kunst miteinander verschwistert waren, wurden des Herrn Rat Anweisungen von dem Steinmetz Johann Ulrich Springer und dem Zimmermeister Johann Michael Muntzer verständnisvoll befolgt. Als sachverständigen Berater seines Vaters erwähnte Goethe außerdem einen jungen Artillerieleutnant. Erst durch spätere Nachforschungen hat sich herausgestellt, daß es sich um den über vierzigjährigen Bauingeneur Johann Friedrich Uffenbach handelte, der seine bedeutenden Fähigkeiten bei der Wiederherstellung der Alten Mainbrücke und durch seine Mitarbeit am Bau der Kaisertreppe im Römer (1741) erwiesen hatte.

Am 7. März 1755 hatte der Rat Goethe seine Entwürfe zum Um- und Neubau der zuständigen Behörde zur Genehmigung eingereicht. Als seine 85jährige Mutter Anna Cornelia Goethe, die seit 1733 Eigentümerin des Hauses am Hirschgraben war, und der er die Unruhe des Umbaues hatte ersparen wollen, noch im gleichen Monat, am 26. März 1755, starb, wurde schon zwei Wochen später mit der Beseitigung des kleinen Hauses und der Umgestaltung des Haupthauses begonnen.

Das Exlibris Johann Michael von Loën's
mit der Ansicht seines Bibliothekssaals

Die beiden früheren Vordertüren aus der Zeit vor dem Umbau wurden jetzt als Hintertüren verwandt. An der neuen Eingangstür ist die noble Form der Messingbeschläge und des Klingelzuges zu bewundern, desgleichen der würdevolle Akzent, der dem Oberlicht durch die vorzügliche Kunstschlosserarbeit des geschmiedeten Gitters verliehen wurde. Vom Rankenwerk aus Pflanzen, in dessen Mitte muntere Papageien auf schlanken Vasen kauern, heben sich die Buchstaben J — C — G als Initialen des Besitzernamens ab. Darüber zeigt das am Sturz des Fensters angebrachte Wappen, das durch einen schräg aufsteigenden Balken halbiert wird, in seinem oberen Feld das Emblem der Familie Textor: einen Bürger mit schlichter Jackenweste, wehenden Bändern an seiner turbanförmigen Mütze und einem hochgezückten Schwert in seiner ausgestreckten Hand. Ebenfalls aus dem Textorwappen wurde die Helmzier eines emporgereckten Armes übernommen. Zum Zeichen, daß der Eigentümer des Hauses, der daheim und in Italien als eifriger Kunstsammler Gemälde klassischer Architekturen und Landschaften erworben hatte, seine Räume zum Wohnsitz der Musen bestimmte, zeigt das untere Feld des Wappens an Stelle des Goetheschen Familienwappens, einem Lamm mit Kreuz, drei der Länge nach übereianderstehende Leiern, wie sie sich Johann Caspar Goethe 1755 als Wappen selbst zugelegt hatte. Sie sind die Namengeber des Hauses. Dankbar hat man sie nach dem Bombenangriff von 1944 fast unversehrt bergen und ihnen nach dem Wiederaufbau des Goethehauses ihren alten Platz über der Eingangstür zurückgeben können.

Beide Keller ihrer im Jahre 1733 am Großen Hirschgraben erworbenen Grundstücke hatte die Witwe Anna Cornelia Goethe sich für die Einlagerung ihrer Weinvorräte von den Erben des Vorbesitzers vertraglich ausbedungen, noch ehe die letzte Rate der Kaufsumme von 6000 Gulden am 1. April fällig wurde. Zu diesen beträchtlichen Vorräten, die sie nach dem Verkauf ihres Gasthofes, des Weidenhofes an der Zeil, zurückbehalten hatte, gehörten riesige Stückfässer mit den besten Jahrgängen von 1706, 1719 und 1726, und man konnte bei solchen Mengen, die weit über den häuslichen Bedarf hinausgingen, schon etwas Wahres an der Redensart finden, daß es in Frankfurt mehr Wein in den Kellern als Wasser in den Brunnen gäbe. Sie waren zugleich eine lukrative Kapitalanlage; das zeigte sich später, als die Frau Rat 1795 bei ihrer Übersiedlung in das Haus „Zum Goldenen Brunnen“ am Roßmarkt durch den Verkauf ihrer Weine für 8000 Gulden — die heute einem Betrag vo mehr als 60 000 Mark entsprechen — einen weit größeren Gewinn erzielte als für die Bibliothek und die Kunstsammlungen ihres Mannes.

Die beiden Kellergewölbe des Haupthauses am Großen Hirschgraben 23 und des kleineren nördlichen Nebenbaues, des „Grünen Laubes“, hatten unter Ausnutzung der Tiefe des ehemaligen Stadtgrabens so feste Fundamente, daß sie auch gegen das Eindringen von Grundwasser geschützt waren und während der Überschwemmungen des Mains im Jahre 1765, als die Häuser am Fahrtor bis zum ersten Stock unter Wasser standen, von der Überflutung verschont blieben. Sie haben auch den Erschütterungen der Bombenangriffe standgehalten und dadurch die Wiederherstellung des über ihnen zerstörten Goethehauses in seiner ursprünglichen Gestalt ermöglicht.

Genau wie heute noch befand sich damals im Flur des Goethehauses hinter der Treppe eine hölzerne Falltür — in Alt-Frankfurt „Zu-fall" genannt —, durch die man über neunzehn Stufen zunächst in das Tonnengewölbe des kleineren Haushaltskellers gelangte und von ihm aus in das Kreuzgewölbe des um das Doppelte geräumigeren Weinkellers. Hier hatte der sechsjährige Wolfgang, angetan mit Maurerschurz, Kelle und Hammer, den mit den Buchstaben L. F., „Lapis Fundamentalis", beschrifteten Grundstein für den Erweiterungsbau an Stelle des abgerissenen Nebenhauses in das Gewölbe eingefügt, nachdem ein Blechfutteral mit Münzen und Urkunden in den Grundstein eingekittet worden war. Die Erinnerung an diese „Weihehandlung" wirkte noch bei der Schilderung der Grundsteinlegung im neunten Kapitel des ersten Teils der „Wahlverwandtschaften" nach. — Zwei Jahre später nahm damals der Herr Rat im Januar 1757 seinen Sohn zu einer Inspektion des Kellers durch eben jene Falltür wiederum mit hinunter, und der Knabe hat in seinen lateinisch-deutschen Stilübungen, den „Labores Juveniles", anschaulich darüber berichtet. In der „großen Finsternis" fand er sich zuerst zwischen den umherstehenden Kesseln, Töpfen und Bütten nur schwer zurecht; dann aber erblickte er den auch heute noch in der südöstlichen Ecke befindlichen ausgemauerten Brunnen, von dem aus durch eine Pumpe die Küche mit Wasser versorgt wurde, und über seinem Kopf sah er den Schlußstein mit den Initialen seines Namens „J. W. G. 1755". Auf seine Frage nach den Weinsorten reagierte sein Vater nur mit dem summarischen Bescheid, daß seine Weine wegen ihrer „vielen Jahre" höchst „rar" seien und ermahnte ihn, dermaleinst haushälterisch mit ihnen zu verfahren. Auf weitere Auskünfte ließ der Herr Rat sich nicht ein, damit nicht durch Kindermund die Nachbarn etwas über den Wert seiner Weinbestände erführen. Mit der Weisung „Genug vor dieses Mal! Jetzt geh hinauf an deine ordentliche Arbeit!" erklärte er die Inspektion des Kellers für beendet und schenkte dem Jungen ein simples Stück Holz als „Belohnung", dessen Bedeutung dieser erst zu ermessen vermochte, als er vernahm, daß er einen Span vom Mastbaum des Schiffes, mit dem Kolumbus Amerika entdeckte, als eine „schätzbare Reliquie" in Händen hielt.

Die väterliche Hege und Pflege des Weines aber gedieh bei dem Sohn später fast zu einem Kult mit Edelgewächsen. Für das „flüssige Gold" des berühmten „Eilfer", des gesegneten Jahrganges 1811, der ihn 1814 auf der Gerbermühle in Begeisterung versetzte, gab er äußerst behutsame Transport-Anweisungen, als Willemers ihm eine Kiste davon zum Weihnachtsfest des gleichen Jahres schickten. Eine einzige Flasche des „festlichen Eilfer" wird heute noch im Goethehaus am Großen Hirschgraben sorgsam verwahrt.

Die Wunderuhr im Goethehaus

An der barocken Standuhr auf dem Vorplatz im zweiten Stock des Goethehauses fesseln den Besucher drei nebeneinanderliegende Zifferblätter, unter denen eine Inschrift ihm bedeutet, daß die mechanische Herstellung des technischen Wunderwerkes dieser astronomischen Uhr in Goethes Geburtsjahr 1749 durch die Brüder Killinger in Neuwied erfolgte. Der Name seines Erfinders aber, des Hofrats und Juristen Wilhelm Friedrich Hüsgen, wird verschwiegen.

Schon das Gehäuse dieser Uhr ist ungewöhnlich mit seiner Höhe von 2,73 Metern, dem anmutigen Intarsienschmuck aus poliertem Nußbaumholz und der oberen abschließenden Bekrönung, in der ein automatischer Kalender täglich mit der Angabe des Wochentages auch das Monatsdatum und die Jahreszahl zeigt.

Sobald der Uhrzeiger auf vollen Viertelstunden steht, fasziniert dieses Werk durch den silberhellen Ton der abwechselnd in Quinten, Terzen oder Oktaven erklingenden Glocken. An den drei Zifferblättern, die zusammen mehr als einen Meter in der Breite beanspruchen, wird vom mittleren die normale Uhrzeit abgelesen. Links davon zeigt ein Sonnenantlitz den Stand der Sonne an; jedes Jahr deutet dieses Gesicht durch das Senken oder Heben seiner Stirn auf die Annäherung des kürzesten oder längsten Tages, an dem die Sonne den tiefsten oder höchsten Stand erreicht hat. Das dritte Zifferblatt zur Rechten gibt den wechselhaften Umlauf des Mondes und dessen genauen Stand an.

Als belustigende Zutat gewahrt man am Schaft über dem Sockel hinter Glas einen Savoyarden in gelbem Kittelgewand. Er führt einen Tanzbären an der Kette. Sobald das Uhrwerk am Ablaufen ist, neigt sich der bisher aufrecht stehende Bär zur Seite, beugt sich immer weiter, bis er schließlich auf den Rücken zu liegen kommt, als

Mahnung, daß es zum Aufziehen der Uhr höchste Zeit wird. Dann richtet sich Meister Petz allmählich wieder auf und stellt sich auf seine beiden tanzbereiten Füße.

Als Zeugnis ideenreichen Scharfsinns und einer exakten Kombinationsgabe fand diese Höchstleistung ihre gebührende Würdigung durch Hüsgens Sohn Heinrich Sebastian. Im Anhang zu seinem Buch über „Nachrichten von Frankfurter Künstlern und Kunstsachen" hat er 1780 die Uhr auf annähernd zehn Seiten als eine der merkwürdigsten Attraktionen aus privatem Frankfurter Besitz genauestens beschrieben.

Zu den Bewunderern dieser Uhr gehörte auch der Knabe Wolfgang Goethe, der an einem Schreib- und Zeichenkursus mit dem jungen Hüsgen und einigen Nachbarssöhnen teilnahm und dadurch in das Haus an der Allee (am heutigen Goetheplatz) kam. Eremitenhaft und ungesellig verschanzte sich hier der alte Hüsgen, der sich fast nie auf der Straße blicken ließ. Spukhaft, hintergründig und schreckhaft wirkte dieser hagere Sonderling mit dem blatternarbigen Gesicht und der Starre seines linken erblindeten Auges auf den jungen Goethe; absonderlich auch durch das Kostüm eines Schlafrockes aus Damast und einer weißleinenen „Glockenmütze". Als Zugewanderter und Reformierter zu keinem Amt und nicht einmal zur Advokatur zugelassen, gehörte Hüsgen zu den Opfern einer konfessionellen Unduldsamkeit. Doch wurde er durch seine Fähigkeit, das Recht auszulegen, bei kniffligen Fällen für viele zu einem unentbehrlichen Berater. Nach Goethes Zeugnis im vierten Buch von „Dichtung und Wahrheit" hatten seine einflußreichen Klienten es mehrfach durchgesetzt, daß er sie „unter fremder Signatur“ sowohl in Frankfurt wie auch beim Reichskammergericht vertreten durfte.

Der dämonischen Magie dieses mephistophelischen Zynikers, der ihn an Timon von Athen, Shakespeares misanthropischen Skeptiker, erinnerte, war Goethe zeitweils unwiderstehlich verfallen. Dem Knaben, der mit sich und aller Welt im vollsten Einklang einem frohen Optimismus huldigte, empfahl der alte Hüsgen Agrippa von Nettesheims Buch von der „Eitelkeit aller Wissenschaften“ als Lektüre und lenkte sein Interesse auf die Juristerei als notwendiges Rüstzeug, um sich des „Lumpenpacks“ seiner Mitmenschen zu erwehren. Deshalb gab er sich die erdenklichste Mühe, Goethe das Dichten als brotlose Kunst zu verleiden. — So figuriert Hüsgen in Goethes Entwicklung als erfinderischer Mechanikus, der mit monomanem Scharfsinn das Wunderwerk einer unvergleichlichen Standuhr zuwege brachte, gleichzeitig aber auch als diabolischer Verneiner und Versucher.

Der Pennäler-Schwank von Friedrich Karl Ludwig Textor

Als ältester Vorläufer des „Bürgerkapitäns“ und der Hampelmanniaden von Carl Malß, als frühestes dramatisches Erzeugnis in Frankfurter Mundart, trat „Die Proktoriade“, ein Pennälerschwank in vier Akten des neunzehn Jahre alten Friedrich Karl Ludwig Textor, eines Neffen von Frau Rat Goethe, 1794 aus einer Winkeldruckkerei ans Licht der Öffentlichkeit. Höchst angetan von solch urwüchsiger Komik war der junge Lokalpoet Friedrich Stoltze, für dessen Schaffen das Stück richtungweisend wurde. Ein Wörterbuch mit Frankfurter Dialektausdrücken und eine kurz gefaßte Grammatik, die Textor eigens für ihn zusammengestellt hatte, boten ihm geeignete Unterlagen zum Studium der heimischen Mundart.

Textor, dem durch den vorzeitigen Tod seines Vaters die zügelnde, zu geordneter Tätigkeit anleitende Hand gefehlt hatte, war als Bub ein übermütiger Schlingel. Später, als Jurist und Tübinger Privatdozent allzu früh verwitwet, hatte er, ohne auf Verdienst bedacht zu sein, unfähig zum Rechnen und Sparen, das ihm von seinem Vater, dem Schöffen Johann Jost Textor, hinterlassene Erbteil derart aufgebraucht, daß er sich in Frankfurt durch Erteilen von Privatunterricht in alten Sprachen kümmerlich durchschlagen mußte. Während Verwandte für seine Kinder sorgten, beschloß er mit 76 Jahren sein Leben als verarmter Pfründner der Brönnerschen Stiftung im Senckenbergischen Bürgerhospital.

Im „Prorektor", dessen Schauplatz die Sekunda des Gymnasiums im ehemaligen Barfüßerkloster (an der heutigen Paulskirche) ist, hat sich Textor selbst porträtiert: als ein pfiffiger Klassenältester, der mit der entwaffnenden Naivität eines Enfant terrible dem Prorektor scheinheilig sekundiert und ihn dabei unbemerkt durch das „aanfällig Gewäsch" seiner vorwitzigen, stets treffsicheren Randbemerkungen frozzelt.

Unter Textors 22 mitwirkenden Kameraden entdeckt man eine Reihe angesehener Namen, wie Friedrich Adolf von Holzhausen, ferner den Pfarrerssohn Jakob Heinrich Samuel Fresenius, den späteren Advokaten und Senator Johann Georg Rössing und Theobald Christ, den Gründer des nach ihm benannten Kinderhospitals; alles Söhne gut situierter Eltern, für die volles Schulgeld bezahlt wurde und die genau wußten, daß sie damit, sowie auch durch die viermal im Jahr zu entrichtenden Spenden zur Aufbesserung des kärglichen Gehaltes ihres Klassenlehrers beitrugen.

Das Urbild des Prorektors war Goethes Lateinlehrer Johann Gottlieb Scherbius, der Sohn eines in Kriegszeiten von Ungarn nach Frankfurt verschlagenen Türken. Während Scherbius in Textors Schwank als die Spottfigur eines grobianischen, schon reichlich senilen Popanzes auftritt, als ein mit überharten Strafen drohender Berserker, der unfähig ist, sich Respekt zu verschaffen, muß im Interesse historischer Gerechtigkeit darauf hingewiesen werden, daß er in seiner Jugend als Leiter des Kinderchors ein Muster an Sparsamkeit und Fleiß gewesen ist. Mit seinen Almosen und dem Erlös von Privatstunden hat er seine Eltern unterstützt und noch dazu mit diesem Geld sein späteres Theologiestudium finanziert. Da nach Ablegung seines Examens in Frankfurt keine Pfarrstelle vakant war, kam er als Altphilologe ans Gymnasium, wo er 32 Jahre lang — seit 1766 — bis zu seiner Emeritierung das Prorektorat inne hatte. Scherbius, dem das Konsistorium einst das Lobesprädikat eines „geborenen Schulmanns" zuerkannt hatte, wurde in den letzten Jahren für seine Schüler eine Zielscheibe des Spottes und Schabernacks. Dieselben Lausbuben, die seinem Kollegen Willemer von der Quinta einen Galgen in die Klassentür geschnitzt hatten, bohrten Löcher in die Tür von der Sekunda zur Prima, verstopften die Schranktür mit „lauter gekaut Papier" und wollten sogar den Ofen durch eine mit Pulver gefüllte

Granate zum Explodieren bringen. Während seiner Litanei über die verschiedenen Tücken des Satans ertappte Scherbius Heinrich Kemmeter, den Sohn des Pfarrers von Mittelsinn, beim Naschen von Kirschen, deren Kerne er unter die Bank warf: „Mer sieht doch gleich, wo so e Kersche-Sau sitzt; anstatt daß sie das göttlich Wort anhöre, opfere sie dem Satan durch ihre Fresse." Nicht einmal in seinem Haus in der Blauen Handgasse, wo er abends durch Ziehen an der Türglocke alarmiert wurde, war der Prorektor gegen Unfug geschützt. Im März 1763 hatte man ihm sogar an zwei Abenden hintereinander sämtliche Fensterscheiben eingeworfen. Auf diesen „ruchlosen Anschlag gegen die Sekurität meiner Person" kam er im Unterricht immer wieder zu sprechen. Um die Namen der Bösewichte ausfindig zu machen, hatte er eine Belohnung von zwei Karolyn (vierzig Goldmark) ausgesetzt. Auf seine Frage, welcher „Satansknecht" es wohl gewesen sein könne, gab ihm der naseweise Textor den Bescheid: „Ja, des waaß nur der liebe Gott und alle seine Engelein."

Niemals war die Sekunda vollzählig beisammen. Sobald sich 1793 aus dem belagerten Mainz Kanonendonner vernehmen ließ und die wildesten Gerüchte („mer hätt brennende Menscheohrn in der Luft flieche sehe") kursierten, blieben die Buben unter dem Vorwand, nur für einige Minuten auszutreten, stundenlang fort. Viel interessanter als der Unterricht war ihnen das Zuschauen bei der Wachparade und beim Spießrutenlaufen bestrafter Sodaten.

Die schlimmsten Rowdies gab es in dem „nixwürdigen Chor", der während des Gottesdienstes in der Barfüßerkirche auf dem Studentenlettner zu singen hatte. Auch

Beerdigungen und Hochzeiten, die stets auf den Vormittag fielen, waren ein Anlaß zum Schuleschwänzen. Zu dem Chor gehörten die „Pauperes“, die Kinder armer Eltern, für die kein Schulgeld entrichtet wurde und denen man durchs Chorsingen — wie während der Messe mit Geigenspiel zum Tanz — Gelegenheit geben wollte, sich durch Almosen und Spenden die Mittel für ihr späteres Studium zu verdienen. Statt zu sparen, wurde dieses Geld von den meisten Primanern „üppiglich und schändlich verpraßt“. In „eitler Kleidung“ und mit umgeschnalltem Galanteriedegen verbrachten sie ganze Nächte an der Bierbank oder hockten „bei der Menscher“ in den verrufenen Lokalen von Bornheim. Wegen dieses von den Lehrern als „Krebsschaden an der Schuldisziplin“ bezeichneten erst 1815 abgestellten Übelstandes ließ Goethes Vater seinen Sohn, um ihn vor solchen Elementen zu schützen, durch Privatlehrer unterrichten.

Wolfgang Amadeus Mozart in Frankfurt und Offenbach

Frankfurt wurde in die Tournee, die Leopold Mozart im Juni 1763 von Salzburg aus mit seinen beiden Kindern Nannerl und Wolfgang antrat, als einzige Stadt ohne Hof einbezogen. Der Vater Mozart tat das nicht nur wegen der Aussicht auf ein lukratives Geschäft, sondern weil er wußte, daß die Reichsstadt seit der Zeit, als Georg Philipp Telemann in den Jahren 1712 bis 1722 ihr städtischer Musikdirektor gewesen war, eine hochstehende Musikkultur und ein durch heimische Kräfte getragenes

Konzertwesen besaß. Die Familie Mozart blieb damals drei Wochen in Frankfurt und wohnte zunächst in einem bescheidenen Dachzimmer in der Bendergasse 3, in dessen Fensterscheibe Leopold Mozart am 12. August 1763 offenbar vor ihrer Übersiedlung in einen erstrangigen Gasthof sich mit den Worten verewigte: „Mozart maître de la Musique de la Chapelle de Saltzbourg avec sa famille." Die mit einem Diamanten eingeritzten Worte sind im Historischen Museum auf der dort verwahrten Fensterscheibe noch heute zu lesen. Das Konzert der Kinder im Saal der Scharf'schen Weinwirtschaft, dem am 18. August 1763 bekanntlich auch der vierzehnjährige Goethe beiwohnte, mußte am 22., 27. und 30. August wiederholt werden, und jedesmal standen die Leute vor dem „Goldenen Löwen", in dem die Eintrittskarten verkauft wurden, Schlange.

So gut erging es Wolfgang Amadeus Mozart bei seinem zweiten Frankfurter Aufenthalt 1790 während der Krönungsfeierlichkeiten für Leopold II. nicht. Zwar wurde ihm in Privatkreisen gehuldigt. Er war Gast bei dem reichen deutsch-italienischen Bankier Franz Maria Schweitzer in dessen Palazzo auf der Zeil, dem späteren „Russischen Hof", bei dem Stadtarzt und Gynäkologen Johann Friedrich Wilhelm Dietz in dessen Haus an der Ecke von Zeil und Schäfergasse und wohnte bei seinem Freund und Gönner, dem in Frankfurt ansässigen Direktor der kurtrierischen Theatergruppe Johann Böhm, in der Kalbächer Gasse 10. Aber er gab nur *ein* Konzert, das als Matinee am 15. Oktober 1790 gleichzeitig mit Empfängen für die vornehme Welt angesetzt war, und als die langen Pausen das Konzert über drei Stunden hinzogen, mußte die auf dem Programm am Schluß stehende Symphonie ausfallen. Auf die Bitten um eine Wiederholung des Konzerts am darauffolgenden Sonntag reagierte der enttäuschte Meister nicht, sondern schrieb, schon in Mainz, seiner Konstanze: „Immer und überall Verhinderung!“ Denn auch eine ihm zu Ehren auf den 5. Oktober angekündigte Don-Juan-Aufführung hatte wegen Erkrankungen im Personal abgesagt werden müssen. Das alles war um so bedauerlicher, als die Frankfurter Musikfreunde seit der Aufführung von Mozarts „Idomeneo“ 1871 und der „Entführung aus dem Serail“ 1784 Mozart zum eisernen Bestand ihres Opern-Repertoires rechneten. Aber die Krönungsgäste waren mit einem Monstreprogramm von Empfängen, Banketten, Manövern und Konferenzen so überfüttert, daß ihnen der Sinn mehr nach leichter Kost wie Tanz und Singspiel stand.

So wenig ihm das „Begafftwerden“ in den Frankfurter Salons lag, so wohl fühlte Mozart sich in Offenbach im Hause des Musikverlegers und Komponisten Johann André (1741–1799), der in dem damals kleinen Landstädtchen eine Musikkultur pflegte, die noch sein Sohn und seine Enkel weiterführten. Zu Mozarts Zeit gab es dort ein „Singekränzchen“, das der Weinhändler Ewald leitete, ein Bruder des von Goethe hochgeschätzten Offenbacher Pfarrers Johannes Ludwig Ewald. Dem Singekränzchen gehörten außer Einheimischen auch Nachfahren zugewanderter französischer Hugenotten an: die Kaufmannsfamilie d’Orville, der Seidenfabrikant Nikolaus Bernard und dessen Neffe Peter, der in einem eigenen Orchester die erste Geige spielte, und zu dessen Sommerkonzerten in seinem Gartensaal jedermann freien Zutritt hatte. Beim frohen Tanz in Andrés Hause holte sich Mozart aus der Notendruckerei das schönste Mädchen, und in der zwanglosen Atmosphäre des Hauses hatten die Gäste ihre Freude daran.

Johann André selbst, der auf die väterliche Seidenfabrik verzichtet hatte, um sich in Berlin zum Komponisten und Dirigenten auszubilden, hat über zwanzig Singspiele geschrieben, darunter die Musik zu Goethes „Erwin und Elmire"; er hat Matthias Claudius' „Rheinweinlied" und Bürgers „Leonore" vertont. Beachtlicher als seine Kompositionen sind aber die mehr als tausend Erzeugnisse seiner Notendruckerei wegen ihrer korrekten Ausführung und guten Ausstattung. Seine Mozartverehrung übertrug sich auf seinen dritten Sohn Anton André (1775–1842), der schon mit zwölf Jahren ein kleiner Klaviervirtuose war und zu komponieren begann, sich aber später in erster Linie der Erweiterung des vom Vater übernommenen Musikverlages widmete. Sehr bald erkannte er die Bedeutung der von Aloys Senefelder erfundenen Lithographie für den Musikaliendruck, berief Senefelder von München nach Offenbach und beschaffte sich aus Solnhofen geeignete Steinplatten. Auch die Sammlung von Musikdokumenten seines Vaters führte er fort. Als er daher im Jahre 1800 in Wien durch Joseph Haydn erfuhr, daß Mozarts Witwe in bitterster Notlage wegen des Verkaufs von teilweise noch unveröffentlichten Noten aus ihres Mannes Nachlaß mit Breitkopf und Härtel in Leipzig verhandelte und die Firma sich nicht gleich entschließen konnte, griff er zu. So erwarb Anton André die gesamte Kollektion einschließlich der Originalmanuskripte des „Don Juan", der „Zauberflöte", von „Titus", „Idomeneo" und „Cosi fan tutte“ für 3150 Gulden. Damit wurde Offenbach zum Ziel der Mozartfreunde und Mozartforscher aus ganz Europa. Hier beschaffte sich der Bonner Professor Otto Jahn einen Großteil des Materials für seine Mozartbiographie. André selbst veröffentlichte den von Mozart von 1784 bis zu seinem Tode eigenhändig geführten thematischen Katalog, eine wichtige Vorarbeit für das spätere Köchelverzeichnis. — Leider haben Anton Andrés vier Kinder die ganze Sammlung durch Verlosung unter sich aufgeteilt und dadurch in alle Winde zerstreut. So kam beispielsweise die berühmte Pariser Sängerin Pauline Viardot-Garcia, die langjährige Freundin Iwan Turgenjews in Baden-Baden, für 220 Pfund (damals gleich 4400 Mark) in den Besitz der Original-Partitur des „Don Juan“, ein Rarissimum, das auf der Frankfurter Musikausstellung von 1927 als Leihgabe des Pariser Konservatoriums zu sehen war.

Anton Andrés Mozartverehrung zeigte sich auch darin, daß er die von ihm gebauten Flügel nach Mozart benannte. Mit ihnen eröffnete er 1828 am Schaumaintor in Frankfurt eine Klavierfabrik. Diese Frankfurter Filiale gedieh zu einem Großunternehmen unter seinem Sohn Carl August André (1806—1887), der auf der Zeil ein „Haus Mozart“ errichtete, ein stattliches Gebäude mit Klaviermagazinen, einem Verkaufsgeschäft für Noten, einer Ausleihe vieler tausend Musikalien und einem zum Garten gelegenen Konzertsaal, an dessen hinterer Wand eine Nachbildung von Schwanthalers Salzburger Mozartdenkmal stand. Bei der festlichen Einweihung dieses Saales am 22. Juli 1845 bekräftigte André sein Bekenntnis zu Mozart durch eine von ihm gedichtete und vertonte Kantate: „Ehre ihm, dem Meister, den Millionen Zungen preisen.“ Zu den Besuchern dieses Konzerts gehörte auch Felix Mendelssohn-Bartholdy mit seiner aus Frankfurt gebürtigen Frau Cécile aus der Familie des französisch-reformierten Pfarrers Jeanrenaud. Der Andrang zu diesem Einweihungskonzert war so groß, daß es besonders für Hanauer und Offenbacher Musikfreunde an den beiden folgenden Sonntagen wiederholt werden mußte.

Mozarts Andenken ist in Frankfurt außerdem tatkräftig durch das Theater wie durch die Sängervereinigungen gefördert worden. Nach der schon erwähnten „Idomeneo“-Aufführung von 1781 spielte während der Frühjahrsmesse 1782 Johann Böhms kurtrierische Truppe die „Gärtnerin aus Liebe“ unter dem Titel „Sandrina oder die verstellte Gräfin“, zum erstenmal mit einem deutschen Libretto. Es folgten — kurz nach der Wiener Premiere — „Die Entführung aus dem Serail“ 1784, „Don Juan“ 1788 „zu immer neuem Vergnügen des Publikums erstmalig auf deutsch angeboten“, während die Oper in Wien und Leipzig auf Italienisch mit vorwiegend italienischen Sängern gegeben wurde. Der „Don Juan“ hat sich für alle Zukunft auf dem Frankfurter Repertoire behauptet; mit ihm wurde auch die Weihe des Opernhauses am 20. Oktober 1880 vollzogen.

Mozart beherrschte neben Gluck den Frankfurter Opernspielplan bis zum August 1790. Dann, während der Krönungstage im Oktober 1790, wollte es die Tücke des Geschicks, daß er selbst nicht viel davon merkte. Nach seinem Tode 1791 lebte der Mozartkult neu auf. Am 16. August 1793 hat Frankfurt als erste deutsche Bühne „Die Zauberflöte“ aufgeführt, über die Frau Rat Goethe

Modell des Schiller-Denkmals
auf dem Römerberg im November 1859

nach Weimar berichtete: „So ein Spektakel hat man hier noch nicht erlebt! Drei Abende hintereinander ausverkauft! Gepfropft voll! Trotz erhöhter Preise und dem Wegfall der Dreibatzenplätze auf der Galerie.“ Und Goethe, der als Weimarer Theaterleiter auf Kassenstücke sehen mußte, fühlte sich durch den auf vielen deutschen Bühnen sich wiederholenden Erfolg der Oper dazu veranlaßt, ein Singspiel, „Der Zauberflöte zweyter Theil“, zu schreiben, um dem Geschmack seines Publikums nach Singspielen entgegenzukommen. Die bezaubernden Verse sind Fragment geblieben, haben aber im Verein mit anderen Singspielen seinem Theater volle Veranstaltungen gebracht.

Durch Vermittlung von Goethes Mutter gelangte andererseits von Weimar nach Frankfurt der von Goethes Schwager Christian August Vulpius übersetzte deutsche Text der italienischen Mozart-Oper „Cosi fan tutte“, um den der Offenbacher Tabakfabrikant Peter Bernard 1796 gebeten hatte. Denn während der Bedrohung Frankfurts durch französische Heere hatte, als die Beschießung der Stadt begann, das Bühnenpersonal die Flucht ergriffen, und Bernard als Mitglied der Oberdirektion des Theaters sah die Rettung des Theaters nur in einer Mozart-Oper. Es gelang ihm auch, einen Teil des Ensembles zurückzurufen und mit der zusätzlichen Hilfe seiner 22 Mann starken Offenbacher Privatkapelle die Oper aufzuführen und den Bestand des Theaters zu gewährleisten.

Drei Jahre später, am 22. August 1799, sah das Frankfurter Publikum die glanzvolle Premiere von Mozarts Oper „Titus“, die Mozart für die Prager Krönung Leopolds II. zu einem handlungsarmen Römerdrama hatte schreiben müssen. Um so größeren Aufwand trieb man mit den Dekorationen und Kostümen, mit denen der Mailänder Maler Giorgio Fuentes beauftragt war. Goethe besuchte ihn im August 1797 in seinem Atelier in der Großen Gallusgasse 4 zweimal, um seine Skizzen zu studieren. Gern hätte er ihn nach Weimar verpflichtet, aber Fuentes' Frankfurter Gage von viertausend Gulden konnte der Theater-Etat der kleinen Residenz nicht aufbringen. Als Goethe 1814 wieder in Frankfurt war, bestand er darauf, den „Titus" noch einmal zu sehen, obwohl in den drei Wochen seiner Anwesenheit keines seiner eigenen Werke über die Frankfurter Bühne ging, was zu der bekannten Mystifikation einer „Tasso"-Aufführung und Goethe-Ehrung führte, über die wir an anderer Stelle berichten. Der „Titus" mußte als Gala-Oper auch unter dem Fürstprimas Dalberg am 18. Dezember 1806 zu Ehren der Kaiserin Josephine, Napoleons Gattin, gespielt werden und für feierliche Zwecke bis in unser Jahrhundert herhalten: am 22. März 1897 wurde er zum hundertsten Geburtstag des alten Kaisers Wilhelm I. in Frankfurt neu inszeniert und ebenso an Mozarts 150. Todestag 1941.

Außer dem Frankfurter Theater hat sich der „Frankfurter Liederkranz" schon 1828 bei seiner Gründung um Mozarts Andenken verdient gemacht und sein für eine Freimaurerloge geschaffenes Weihelied „Brüder, reicht die Hand zum Bunde" gesungen. Für alle Mitglieder wurde dieser Gesang zu einem Gelübde, das bei allen festlichen Anlässen erneut bekräftigt und 1838 im Anschluß an das in Frankfurt veranstaltete „Erste Allgemeine Deutsche Sängerfest" (vom 28. bis 30. Juli) in die Tat umgesetzt wurde. Denn anstatt den Überschuß des Sängerfestes, wie ursprünglich geplant, zu einem Salzburger Mozartdenkmal beizusteuern, beschloß man, diese 1200 Gulden als Kapital einer Stiftung zur Ausbildung des musikalischen Nachwuchses produktiv anzulegen. Damit erfolgte — drei Jahre vor der Entstehung des Salzburger Mozarteums — in Frankfurt die Errichtung einer ersten Mozartstiftung, die den Jugendlichen aller deutschsprachigen Länder zugutekommen sollte. Außer einem vierjährigen Gratisstudium am Hochschen Konservatorium wurden den Stipendiaten auch ihre Aufwendungen für Kost und Logis vergütet. — Neben dem Liederkranz, der das Vermögen seiner Stiftung durch den Ertrag seiner regelmäßig im „Weidenbusch“ und in der „Mainlust“ veranstalteten Konzerte zusehends vermehrte, haben auch der Chor des Cäcilienvereins und das Orchester und Ensemble der Oper die Mozartstiftung tatkräftig gefördert.

Schiller und Frankfurt: Enttäuschungen und Ehrungen

Zweimal war Schiller in Frankfurt: heimlich und unerkannt im September 1782 als Regimentsmedikus auf der Flucht aus Stuttgart vor seinem Herzog, der ihm „bei Strafe der Kassation“ das Komödienschreiben verboten hatte, und — als gefeierter Bühnendichter bei der Aufführung seines dritten Jugendwerkes, „Kabale und Liebe“, anderthalb Jahre später im Mai 1784.

Zwar war sein Name als Dichter der „Räuber“ seit deren Mannheimer Uraufführung im Januar 1782 schon weithin berühmt, als er zuerst in Frankfurt war; eben darum aber reiste er als „Dr. Ritter“, nur von seinem treuen Freund Andreas Streicher begleitet, heimlich in der Nacht vom 22. auf den 23. September des gleichen Jahres, mit 23 Gulden und dem Manuskript seines „Fiesko“ in der Tasche, voller Hoffnungen nach Mannheim, um es dem Intendanten Heribert von Dalberg nach dem Erfolg der „Räuber“ anzubieten. Dalberg aber war seinerseits in Stuttgart zu Festlichkeiten, die Schillers Herzog Karl Eugen zu Ehren eines russischen Fürstenbesuches veranstaltete, und deren Trubel die Freunde zur Flucht benutzt hatten. Schiller konnte den „Fiesko“ nur dem Regisseur Meyer und einigen Schauspielern vorlesen und — verdarb sich den ganzen Erfolg durch das übermäßige Pathos seiner Deklamation im schwäbelnden Dialekt. Nach dem zweiten Akt verliefen sich die Zuhörer bis auf Iffland und Meyer, der dem jungen Dichter wohlwollte und sich das Manuskript für die Nacht ausbat, um es zu Ende zu lesen. Dann allerdings sah er „ein Meisterstück“ darin, konnte aber ohne den Intendanten nicht über die Annahme des Stückes entscheiden. Schiller blieb niedergedrückt, zumal er in Mannheim nicht sicher vor einer Verfolgung durch den Herzog war.

So wanderten denn die beiden Freunde zu Fuß über die Bergstraße nach Darmstadt und tags darauf in sechs Stunden nach Frankfurt. Aber eine Stunde vom Ziel entfernt sank Schiller am Rande eines Wäldchens bei Isenburg erschöpft nieder und mußte im Schlaf erst neue Kräfte sammeln. Heute erinnert dort ein Gedenkstein, die „Schillerruhe“, an diese Rast, aber die Inschrift „Seid umschlungen, Millionen“ aus dem Hymnus an die Freude verrät nichts von dem maroden Flüchtling, der schließlich noch vor Anbruch der Dunkelheit im Sachsenhäuser Gasthof „Zum Storch“ an der Ecke von Brücken- und Dreikönigstraße ein bescheidenes Quartier gefunden hatte. Da die Barschaft der Freunde nur noch für wenige Tage reichte, entschloß sich Schiller am nächsten Morgen zu einem Brief an Dalberg mit der Bitte um einen Vorschuß auf den „Fiesko“. In zuversichtlicher Stimmung wanderte er mit Streicher über die Mainbrücke, um den Brief auf die Post zu bringen. Es war zur Zeit der Michaelismesse, und der Dichter sah das für ihn ganz neuartige Bild einer Handelsmetropole mit ihrem „kaufmännischen Gewühl“ und der ineinandergreifenden Tätigkeit des Löschens und Ladens der ankommenden und abfahrenden Schiffe auf dem Main. Seine Stimmung hob sich, als er in verschiedenen Buchhandlungen, in denen er nach dem Absatz der „Räuber“ fragte, seinen Namen rühmen hörte und erfuhr, daß kein einziges Exemplar mehr aufzutreiben sei. Seine dichterische Kraft regte sich wieder, und die ersten Abschnitte seines neuen Dramas „Kabale und Liebe“, das er damals noch „Luise Millerin“ nannte, entstanden in diesen Tagen in Frankfurt. Aber das zermürbende Warten auf Antwort von Dalberg endete am vierten Morgen mit der niederschmetternden Nachricht, daß der Intendant erst nach einer Umarbeitung des „Fiesko“ einen Vorschuß gewähren könne. Als Schiller merkte, daß er „bei jedem Griff in seinen Geldbeutel auf dessen Boden stieß“, entschloß er sich als letzte Rettung, sein Gedicht „Teufel Amor“, auf das er große Stücke hielt, dem Verleger Johann Georg Fleischer für 25 Gulden anzubieten. Da dieser sich jedoch aufs Feilschen verlegte und nur 18 zahlen wollte, nahm Schiller, sogar in dieser

Situation zu keinem Kompromiß fähig, das Manuskript wieder an sich. Noch einen Tag mußte er in Frankfurt, wo ihm alles mißlungen war, ausharren; dann trafen von Streichers Mutter dreißig Gulden ein, die der treue Freund erbeten hatte, und für die er eigentlich zu seiner weiteren musikalischen Ausbildung nach Hamburg zu Philipp Emanuel Bach fahren sollte. Mit dem Marktschiff fuhren die beiden nach Mainz, gingen von da zu Fuß nach Worms und auf Rat des Regisseurs Meyer, der ihnen nach Worms geschrieben hatte, noch drei Stunden weiter nach Oggersheim, das abgeschieden genug lag, um Schiller Sicherheit und Ruhe für die Umarbeitung des „Fiesko“ zu bieten. Noch einmal lehnte Dalberg — zwar ein tüchtiger Intendant, aber auch ein vorsichtiger Höfling — eine Aufführung des Stückes ab; erst ein Jahr später stellte er Schiller, der inzwischen Zuflucht bei Frau von Wolzogen in Bauerbach bei Meiningen gefunden hatte, für ein Jahr als Theaterdichter in Mannheim an. Auf der Rückreise von Bauerbach nach Mannheim kam Schiller am Abend des 26. Juli noch einmal nach Frankfurt, fuhr aber wegen des „erschrecklichen Gewühls von Menschen“ sofort mit der Extrapost nach Mannheim weiter.

Von hier aus kam er dann als gefeierter Dichter wieder nach Frankfurt und wurde für die Enttäuschungen seines ersten Aufenthaltes nun vollauf durch das Theater entschädigt. Der Direktor des neuerbauten Komödienhauses, Gustav Friedrich Wilhelm Großmann, der sein Theater „gleich der nordischen Republik Hamburg zu einer Warte hoher Kunst“ machen wollte, wurde zum Schrittmacher von Schillers Ruhm in der Mainstadt. Seiner Frankfurter „Räuber“-Aufführung im November

1782 und dem „Fiesko“ in der Urfassung im nächsten Jahr folgte die Uraufführung des bürgerlichen Schauspiels „Kabale und Liebe“ in Frankfurt am 13. April 1784 mit den Mannheimer Schauspielern Iffland, Beck, Beil und Boek, mit denen Schiller die Aufführung in Mannheim vorbereitet hatte. In Mannheim selbst ging das Stück erst zwei Tage später, am 15. April, über die Bühne. Der Frankfurter Vorstellung, vor der Frau Rat Goethe dem jungen Fritz von Stein geschrieben hatte: „Alles verlangt darauf und es wird sehr voll werden“, wohnte der Dichter erst bei ihrer Wiederholung am 3. Mai 1784 bei. „Ruhig, heiter, aber in sich gekehrt“ saß er in seiner Loge mit seinem Freund Andreas Streicher, der diesen Abend in seinen „Erinnerungen“ schildert: „Nach dem zweiten Akt erhoben sich die Zuschauer auf eine damals ganz ungewöhnliche Art und brachen in stürmisches Beifallrufen und Klatschen aus. Der Dichter wurde so davon überrascht, daß er aufstand und sich gegen das Publikum verbeugte.“ — Dann allerdings wurde er während der Ostermesse in Frankfurt so sehr gefeiert, daß er sich beinahe beklagt, „von Fresserei zu Fresserei herumgerissen“ zu werden, die ihm kaum Zeit ließ, den großen Erfolg nach Mannheim an Dalberg zu berichten. Zweimal geriet er auch in den Messetrubel, der sich in seinem Gedicht „Die Teilung der Erde“ widerspiegelt: „Der Kaufmann nimmt, was seine Speicher fassen, der Abt wählt sich den edlen Firnewein ...“ Den Sinngehalt des Gedichtes, meinte Schiller später, als er es Goethe schickte, könne dieser erst ganz erfassen, wenn er aus dem Fenster seiner Mutter (am Roßmarkt) auf die Zeil blicke; denn hier sei das „eigentliche Terrain“ dazu. Goethe pflichtete ihm nach einem

Besuch seiner Vaterstadt bei: Frankfurts „spröder Boden“ sei für höhere Interessen nicht empfänglich.

Immerhin dominierten Schillers Dramen auf dem Frankfurter Spielplan bis 1790. Sein Ideal der Freiheit, seine Ablehnung jeglicher Unterdrückung sicherten ihm die Sympathien der auf ihre Unabhängigkeit stolzen Frankfurter. In ihrer Geringschätzung für solche Städte, die von der Gunst weltlicher oder geistlicher Fürsten abhängig waren, fühlten sich die Frankfurter bestärkt durch ein Stück wie „Kabale und Liebe“, durch die Anprangerung von Standesunterschieden und einer heillosen Mätressenwirtschaft.

Nach der französischen Revolution von 1789 glitt der Geschmack des Theaterpublikums zu Singspielen und Operetten der leichten Muse über. Schiller-Enthusiasten gab es meist nur in kleinen Zirkeln wie unter den Bekannten von Goethes Mutter, die jedes neue Drama mit verteilten Rollen lasen. Erst seit der Gründung des „Museums“, der Museumsgesellschaft, im Jahre 1808 gab es in Frankfurt eine Stätte des Schillerkults.

Auch Schillers Tod am 9. Mai 1805 wurde nicht zum Anlaß, ihn als Repräsentanten der Nation zu würdigen. Das Frankfurter Theater veranstaltete zwar eine würdige Trauerfeier, aber der damalige Direktor Ihlée hatte die Feier nicht offiziell angekündigt und nur private Einladungen ohne Erhebung von Eintrittsgeld verschickt. Über dieses „Frankfurter Absurdum“ zum Gedächtnis eines Dichters, der eine Frau mit vier Kindern in bedrängter Lage hinterließ, entrüstete sich Goethe in einem Brief an Zelter: „Die Herren Frankfurter, die sonst nichts als Geld schätzen, hätten besser getan, ihren Anteil realiter auszudrücken." Da hatte sich Schillers Geburtsort, das kleine Marbach am Neckar, verständnisvoller verhalten und das für ein Schiller-Denkmal gespendete Geld der Witwe des Dichters zukommen lassen.

In gleichem Sinne verfuhr Carl Theodor von Dalberg, der Fürst-Primas von Frankfurt und Bruder des Mannheimer Intendanten, als er Schillers Witwe eine Jahresrente von 600 Gulden aussetzte, die offiziell als eine Spende von Frankfurt galt. Erst nach Dalbergs Rücktritt stellte sich heraus, daß die Auszahlung nicht über die Stadtkasse erfolgt war. Das Geld überwies der Historiker Johann Karl von Fichard, der als Jenaer Student 1791/92 zu Schillers jüngerem Freundeskreis gehört hatte und auch nach des Dichters Tode engen Kontakt zu dessen Familie wahrte. Da Dalberg Schiller schon zu Lebzeiten mehrfach ausgeholfen hatte, ist anzunehmen, daß auch die Witwenpension aus seiner Privatschatulle bestritten wurde.

Dalbergs hochherzige Sorge für den Dichter und seine Nachkommen entsprang aus dem Gefühl menschlicher und geistiger Verbundenheit, die von der Zeit her datierte, als er Administrator einer Kurmainzer Exklave im Eichsfeld war und in Erfurt im Hause des Kammerpräsidenten von Dacheröden Schiller 1789 kennengelernt hatte. Schiller war von der Noblesse dieses Grandseigneurs so angetan, daß er ihm im Juni 1793 seine Abhandlung „Über Anmut und Würde" mit einem Zitat Miltons widmete: „Was Du hier siehst, edler Geist, bist Du selbst." Als im September desselben Jahres Schillers ältester Sohn Carl geboren wurde, erhielt er diesen Namen nach seinem Paten Carl Theodor von Dalberg, auch dies sicherlich ein Grund für dessen Sorge um die Familie des Dichters.

Als aber nach Dalbergs Ausscheiden aus Frankfurt im November 1813 die Frankfurter Rente Schillers Witwe in schwerster Zeit der Teuerung vorenthalten wurde, ersuchte Wilhelm von Humboldt auf dem Wiener Kongreß den Frankfurter Bevollmächtigten, Syndicus Danz, die Weiterzahlung der Rente „aus gutem freiem Willen" zu veranlassen. Als dennoch von Frankfurt aus nichts geschah, schaltete sich der Freiherr vom Stein als Administrator der von den verbündeten besetzten Gebiete befürwortend ein. Dadurch geriet die Diskussion über Charlotte von Schillers Rente in nahe Verbindung zur hohen Politik. Da nämlich Bayern auf dem Wiener Kongreß Ansprüche auf Frankfurt erhob und Preußen hiergegen protestierte, war der Senat für die Wiederherstellung von Frankfurts reichsstädtischer Autonomie auf die Unterstützung des preußischen Ministers von Humboldt und auf Steins Gunst angewiesen. Deshalb erklärte man sich zur Weiterzahlung der Rente bereit.

In Frankfurt selbst war nach den Befreiungskriegen in einer Periode geistiger Erschlaffung von einer Schillerverehrung wenig zu merken. Erst in den dreißiger Jahren wurde der Dichter zum Herold der patriotischen Erregung, ein Mahner zur Einigkeit, ein Verkünder aller Hoffnungen auf bessere Zeiten. Auf der Spendenliste für ein Marbacher Schiller-Denkmal stand Frankfurt mit 512 Gulden, dem Ertrag eines Liederkranz-Konzertes, an erster Stelle. Auch lag es nahe, am 30. März 1848 bei der Eröffnung des Vorparlaments zur Nationalversammlung durch eine Tell-Aufführung mit dem Rütlischwur diesem Ereignis einen festlichen Akzent zu verleihen. Aber es fehlte an Möglichkeiten, die Jugend für Schiller zu begeistern, weil im Deutschunterricht aller Frankfurter Schulen bis 1850 nur Grammatik und Stilkunde exerziert wurden, ohne daß im Lehrplan ein Platz für Literatur vorgesehen war. Eine einzige Ausnahme machte am Gymnasium der Altphilologe Konrad Schwenck, der ohne Wissen des Direktors die Griechisch-Stunden dazu benutzte, um seiner Klasse Schillers Balladen nahezubringen.

Da fiel in die kritische Zeit einer politischen Hochspannung Schillers hundertster Geburtstag. Der in einer Zeitung vom 16. September 1859 erörterte Vorschlag zu einer Feier wurde von den Behörden ignoriert, fand aber stärksten Widerhall beim Sachsenhäuser Bürgerverein, der zwei Wochen später in einem Aufruf an die Öffentlichkeit geltend machte, es sei für Frankfurt eine Ehren- und Herzenssache, an diesem Jubiläum der ganzen Nation „voranzuglänzen". Dieser Appell fand überall eine unerwartet starke Resonanz. Im Zeichen der Schillerhuldigung beteiligte sich die gesamte Bürgerschaft ohne Unterschied von Stand, Partei oder Konfession an diesem Verbrüderungsfest in der Hauptstadt des Deutschen Bundes. Am 9. und 10. November 1859 stand das ganze öffentliche und private Leben Frankfurts im Zeichen Schillers. Wohin man blickte, auf allen Straßen und Plätzen waren Ehrenpforten, Pyramiden, Triumphbögen errichtet, erstrahlten Transparente mit Szenen und Parolen aus Schillers Dramen. Sämtliche Gewerbe und Handwerker, Vereine und Korporationen, Schulen und Institute nahmen mit den Attributen ihrer Tätigkeit an dem Festzug teil. Den Mittelpunkt dieser Kundgebung bildete der Platz vor dem Römer. Dort stand, in Gips modelliert, das Schiller-Denkmal des Frankfurter Bildhauers Johann Dielmann, das fünf Jahre später in Ferdinand von Millers Münchener Gießerei in Erz gegossen seine heutige Gestalt erhielt und am 9. Mai 1864 auf dem Paradeplatz enthüllt wurde. Vom Erhabenen zum Lächerlichen war wie auch heute noch bei ähnlichen Festen nur ein Schritt. Als Nutznießer der Begeisterung priesen die Geschäftsleute massenhaft allerhand Kitsch an mit Schillerbildern auf Tassen und Fahnen, die Konditoren selbstverständlich die bekannten Schillerlocken. Unbestritten aber bleibt, daß niemals vorher oder später in Deutschland ein Dichter als Repräsentant der gesamten Nation in so überwältigender Weise geehrt worden ist wie Schiller im Frankfurt von 1859. „Deutschland fand seine moralische Einheit in dem Sinnbild eines allen gehörenden und alle mit gleicher Liebe umfassenden Genius."

Zu diesem geistigen Ertrag, auf den einer der Festredner hindeutete, gehörte auch das Bestreben, Schiller nicht immer nur als Verteidiger der Freiheit und Menschenwürde einseitig aus einem politischen Gesichtswinkel zu würdigen, sondern auch als Begründer einer ästhetischen Kultur.

Der einzige, der während der Säkularfeier zu einer entscheidenden Tat inspiriert wurde, war der Geologe Otto Volger, ein überzeugter Demokrat und unentwegter Anhänger der Freiheitsbewegung. Die Einigung aller deutschen Stämme, die 1848 nicht zuwege gebracht worden war, wollte er auf geistigem Gebiet in Deutschlands politischer Hauptstadt in die Tat umsetzen. Diesem Ziel sollte die von ihm angeregte Gründung des „Freien Deutschen Hochstifts für Wissenschaften, Künste und allgemeine Bildung" dienen. Zum Unterschied von den bisherigen deutschen Akademien, die Schöpfungen fürstlicher Patrone waren, sollte das Hochstift eine bürgerliche Akademie sein, um wenigstens in Wissenschaft, Kunst und Bildung die ersehnte Einheit herzustellen: frei im Gegensatz zur Reaktion, deutsch im Gegensatz zu den Einzelstaaten und als Hochstift einseitigem Spezialistentum übergeordnet. Den Stiftern schwebte eine Gelehrtenrepublik und eine Verwirklichung von Schillers Idee des „ästhetischen Staates“ vor, der „das Eigentum der Schulen zum Gemeingut der ganzen menschlichen Gesellschaft macht“. Schillers Name war in Volgers programmatischen Äußerungen nicht ausdrücklich genannt, aber der Stiftungstag auf seinen hundertsten Geburtstag am 10. November 1859 festgesetzt. Wie aber Schillers ästhetischer Staat nur ein Wunschbild, ein Ideal im Kantischen Sinne war, lag auch Volgers Plan zu sehr jenseits der Realitäten, als daß seine Verwirklichung gelingen konnte.

Da aber bot sich dem Hochstift eine andere, nicht minder gesamtdeutsche Aufgabe: ein Jahr nach seiner Gründung in Frankfurt stand Goethes Geburtshaus in Gefahr, umgebaut zu werden. Wenn es auch bisher nur von außen zu betrachten gewesen war, so hatten doch seine Bewohner seit 1840 in einem Raum ein Fremdenbuch für Besucher ausgelegt, denen schon das Haus als solches mit seiner unversehrten Front verehrungswürdig war, die nun verlorengehen sollte. Da griff Volger zu, erwarb das Haus zunächst aus eigenen Mitteln und schrieb im Namen des Hochstifts eine Sammlung in Deutschland aus, deren ungeahnter Erfolg es dem Hochstift ermöglichte, das Haus am Hirschgraben zu seinem Sitz und zu einer Hochburg der Goetheverehrung zu machen, zu einer wissenschaftlichen Sammelstätte mit der Aufgabe, Goethes Erbe zu hüten und zu mehren. So wurde das Freie Deutsche Hochstift der positive Ertrag des Frankfurter Schillerfestes.

Der Verleger Friedrich Wilmans, ein Förderer des späten Hölderlin

Im Frankfurter Buch- und Kunsthandel der ersten drei Jahrzehnte des 19. Jahrhunderts nahm der aus Bremen zugewanderte Friedrich Wilmans eine führende Stellung ein. „Seine Bemühungen um Literatur und Kunst sind allgemein bekannt", stellte Goethe in einer Betrachtung Frankfurts in „Kunst und Altertum am Rhein, Main und Neckar" 1814 fest. „Herr Wilmans, gleichfalls Kunstliebhaber, besitzt schätzenswerte Gemälde", setzte Goethe noch hinzu.

Wilmans' Verdienste um die Förderung junger Talente und als Verleger des späten Hölderlin sind lange unbeachtet geblieben, bis im Bremischen Jahrbuch von 1957 Paul Raabe im Zusammenhang mit seinen Hölderlin-Forschungen den „Verleger Friedrich Wilmans" der Vergessenheit wieder entrissen hat.

Wilmans, der 1764 in Bremen als Sohn des einer hanseatischen Kaufmannsfamilie zugehörigen städtischen Obristen Melchior Wilmans geboren war, hatte einen Teil seiner buchhändlerischen Lehrzeit in Frankfurt zugebracht und durch seine Heirat mit einer Frankfurterin im Jahre 1793 Anspruch auf das dortige Bürgerrecht erworben. Seine Frau Johannette Dorothea Vogelhuber war die Tochter des Besitzers vom „Weidenhof", jenes Gasthofes auf der Zeil, den ihr Großvater von der Witwe Anna Cornelia Goethe, der Mutter des Herrn Rat, 1733 erworben hatte.

Zunächst etablierte sich Wilmans nach seiner Heirat in Bremen und eröffnete im elterlichen Hause an der Katharinenstraße eine Buchhandlung, die schon in den nächsten Jahren führend in seiner Vaterstadt wurde. Er übernahm die Kommission auswärtiger Verlage, dann begann er, selbst Bücher herauszugeben. Mit sicherem Gespür für die Konjunktur wollte er die von Basedow und Campe propagierten philantropischen und moralpädagogischen Bestrebungen der Aufklärung in leicht faßlichen Darstellungen zum Gemeingut weitester Volkskreise machen. Seine „Ratgeber für kluge Hausväter", für junge Mädchen und Mütter, „Ruhestunden für Frohsinn und häusliches Glück" mit allein sechs Bänden und ähnliche Schriften boten Unterhaltung, Belehrung und Erbauung, wic das damalige Lesepublikum sie liebte und verhalfen ihm zu einem soliden Wohlstand, der ihm nun auch den Druck unbekannter Autoren ermöglichte. Zu den jungen Talenten, für die er sich selbstlos einsetzte, gehörten u. a. Clemens Brentano, dessen Jenaer Freund Boehlendorff, Karoline von Günderrode, Friedrich Schlegel, Josef von Görres und Ludwig Tieck. Wilmans, in seinem Handeln ein Mann der Aufklärung, wurde so zum ersten Verleger der Romantiker. Brentanos exzentrischen Roman „Godwi" hätten Verlage wie Cotta, Vieweg oder Göschen nie zu drucken gewagt. Selbst Wieland, der das skurrile Manuskript nur gelesen hatte, weil der junge Autor der Enkel der einst von ihm vergötterten Sophie Laroche war, lehnte Wilmans' Bitte um ein Vorwort dazu ab. Der Untertitel, „ein verwilderter Roman“, paßte aber durchaus in den Rahmen der Geschichten, die Wilmans verlegte, und seine Verlagswerke fanden Anklang. Dazu verhalf ihm auch sein „Almanach, der Liebe und Freundschaft gewidmet“, den er zuerst zur Herbstmesse 1799 auf das Jahr 1800 herausbrachte. Almanache waren die beliebte Mode und „der Marktplatz“, wie Herder sie nannte, für die Dichtungen der Zeit, von Autoren und Publikum mit gleichem Interesse verfolgt. Bekanntlich sind berühmte Werke wie Schillers „Jungfrau von Orleans“ und Goethes „Hermann und Dorothea“ als Erstdrucke in Almanachen erschienen, ehe sie in Buchform herauskamen. So weit hat Wilmans' Taschenbuch es nicht gebracht, aber doch zu einer solchen Beliebtheit, daß es im Gegensatz zu den meist kurzlebigen anderen Almanachen durch vierzig Jahre fast ununterbrochen erschienen ist. Wilmans, von jeher ein Liebhaber guter Graphik, stattete sein Taschenbuch vor allem mit sehr sorgfältig gewählten Kupferstichen aus und bemühte sich immer wieder um Beiträge der Weimarer Dichter Goethe, Schiller, Herder und Wieland. Großzügig schickte er ihnen mit seiner Einladung zur Mitarbeit Kistchen mit erlesenem portugiesischem Wein, der in Weimar bald berühmt wurde. Der Erfolg blieb denn auch nicht aus: schon vom zweiten Jahrgang an (1801) waren die Klassiker vertreten: Goethe schickte sein Singspiel-Fragment „Der Zauberflöte zweyter Theil“, Schiller, der ihm für siebzehn Flaschen Wein gerade nach einer Krankheit einen dankbaren Brief schrieb, sandte für die nächsten Jahrgänge seine Übertragung des Hexenliedes aus Shakespeare's „Macbeth“ und drei Rätsel, Herder einen Essay und Wieland, von dem

FRIEDRICH WILMANS (1764—1830)
Frankfurter Buchhändler und Verleger

„Göttertropfen“ ganz besonders angetan, Erzählungen aus dem „Pentameron von Rosenhayn“.

Wilmans’ Hoffnung, auch einmal ein Buchmanuskript von Schiller und Goethe zu erhalten, erfüllte sich zwar nicht, doch gelang ihm dies unverhofft bei dem damals meistgelesenen Dichter Jean Paul, der ihm 1801 das Manuskript seines Buches „Das heimliche Klagelied der jetzigen Männer; eine Stadtgeschichte; und die wunderbare Gesellschaft in der Neujahrsnacht“ schickte, und der später, 1807 bis 1810, in Erinnerung an die ihm durch das „Weinkästgen“ beschiedenen frohen Stunden einer der eifrigsten Mitarbeiter am Taschenbuch wurde. „Einen köstlichen Beitrag Bremens zur Klassik in Weimar“ nennt Paul Raabe die Weine des „liebenswerten Verlegers“. Wilmans hat seinen Autoren den Wein aber nicht nur als Aufforderung, sondern auch als Dank gespendet: wie an Jean Paul für den Roman, so später an E. T. A. Hoffmann, als dessen Novelle „Das Fräulein von Scuderi“ dem Taschenbuch von 1820 einen besonders hohen Absatz brachte. Über eine Kiste mit fünfzig Flaschen des berühmten „Eilfer“, des Jahrganges 1811, hat Hoffmann sich selbst ganz überrascht einem Freund gegenüber geäußert.

Bei zunehmendem Absatz seiner Bücher wollte Wilmans nach dem ersten Jahrzehnt seiner Buchhändler-Laufbahn in Bremen dem Zentrum des Buchhandels in Frankfurt am Main näher sein. Dort konnte er besseren persönlichen Kontakt mit den zur Messe kommenden Autoren halten als in dem mehr abseits gelegenen Bremen. Daher siedelte er im August 1802 nach Frankfurt in die Elisabethengasse neben dem „Schwarzen Bock“ über und brachte auch hier in wenigen Jahren seine Buchhandlung wieder zu hohem Ansehen. Denn er war während seiner Verlegertätigkeit auch als Buchhändler nicht müßig und bearbeitete u. a. sehr eifrig die Bücherwünsche seiner Autoren. In seine pädagogischen Bestrebungen fallen auch seine Veröffentlichungen der Jugendliteratur, darunter Johann Caspar Friedrich Gutsmuths' Spielalmanach für die Jugend (1809). Auch die empfindsamen Geschichten der Schriftstellerinnen seiner Zeit fanden in Wilmans einen willigen Verleger.

Die meisten seiner Verlagswerke waren allein schon ihrer guten Kupferstiche wegen beliebt. Da lag es nahe, daß Wilmans den Plan zu einem großen Kupferstichwerk faßte und dafür die durch die Romantiker geweckte Begeisterung für die Schönheit der rheinischen Landschaft nutzte. Für seine „Ansichten des Rheins", die in den Jahren 1804–1806 in drei Bänden mit je zehn bis zwölf Kupfern zum Preise von je 9 Gulden erschienen, gewann er die Mitarbeit des Frankfurter Malers C. G. Schütz, von Georg Melchior Kraus in Weimar und G. A. Günther, der ihm das Probekupfer vom Mäuseturm bei Bingen für den Subskriptionsprospekt lieferte. Wilmans ließ die „Ansichten des Rheins" gleichzeitig in französischer Sprache unter dem Titel „Voyage pittoresque sur le Rhin" erscheinen. Als nach den Befreiungskriegen Rheinreisen immer beliebter wurden, gab er auch Alben und Panoramen heraus mit Gesamt- und Teilansichten des Rheinlaufes in Kupfer- und Stahlstichen der Maler Johann Wilhelm Delkeskamp und Georg Primavesi, sowie einzelne Landschaftsblätter rheinischer Orte. Auch für die Entdeckung der landschaftlichen Schönheit am Main und rund um Frankfurt hat Wilmans einen wesentlichen Beitrag gelei-

DIE TRAUERSPIELE

DES

SOPHOKLES.

ÜBERSETZT

VON

FRIEDRICH HÖLDERLIN.

ERSTER BAND.

FRANKFURT AM MAIN, 1804

BEI FRIEDRICH WILMANS.

stet: Anton Kirchners „Ansichten von Frankfurt und Umgebung" und Delkeskamps „Panorama des Mains" von Frankfurt bis Mainz bezeugen dieses Bemühen.

Jenen Werbeprospekt für die „Ansichten des Rheins", den Wilmans an Dichter und Fürsten und alle jene verschickte, von denen er sich wegen der hohen Kosten der 32 Kupfer eine Subskription oder eine Weitergabe an andere Interessenten erhoffte und auch Erfolg damit hatte, sandte er im Jahre 1802 auch Hölderlin zu, über den er durch den Aschaffenburger Historiker Niclas Vogt unterrichtet war. Vogt war einer der besten Kenner der rheinischen Geschichte und daher von Wilmans um die Texte zu den Kupfern gebeten. Diese Beziehung zu dem Verleger wird der Anlaß dazu gewesen sein, daß der ihm gut bekannte hessen-homburgische Regierungsrat Isaac von Sinclair, Hölderlins treuester Freund, Vogt gebeten hat, Wilmans von Hölderlin zu berichten, dessen Übersetzungen der Tragödien des Sophokles von Unger, Göschen und anderen Verlegern gerade abgelehnt worden waren. Es besteht auch die Möglichkeit, daß Wilmans den „Hyperion" aus der Bibliothek seines Bremer Freundes schon kannte. Jedenfalls bot er dem damals noch weithin unbekannten Hölderlin, als dieser ihm für den Rhein-Prospekt gedankt hatte, die Drucklegung der Sophokleischen Tragödie an. Aus der liebenswürdigen, aufmunternden Art, in der Wilmans sich um den Dichter bemühte, schöpfte Hölderlin Vertrauen und ließ über den geschäftlichen Anlaß hinaus den Verleger an seinen Plänen teilnehmen. Schon überschattet von dem Verhängnis geistigen Erlöschens, fühlte sich Hölderlin berufen, seinem Volk und Vaterland Bleibendes zu künden und durch vaterländische Gesänge, die er als einzelne Flugblätter verbreiten wollte, durch den „Rhein“ und „Patmos“, „Germanien“ und „Die Wanderung“ das Volk unmittelbar anzusprechen. Dies sei sein „eigentliches Anliegen“, gesteht er Wilmans, und nur diesem Zweck sollten auch seine Beiträge für dessen Almanach dienen, für den er sechs seiner reifsten Oden, darunter das Fragment „Hälfte des Lebens“, schickte. Als sie im Taschenbuch auf das Jahr 1805 erschienen, war sein Geist schon in die Nacht des Wahns entrückt. Auch den fertigen Druck der Sophokles-Tragödie in Buchform „Bei Friedrich Wilmans“, Frankfurt 1804, wird er kaum mehr wahrgenommen haben. Aber seine vier Briefe an den Verleger aus den Jahren 1803 und 1804 bedeuten für die Forschung ein letztes einheitliches biographisches Zeugnis aus der Spätzeit des Dichters. Mit der schönen Unterschrift „Ihr Freund Hölderlin“ bricht die Korrespondenz jäh ab. Wilmans mußte sich wieder seinen anderen Aufgaben in Frankfurt zuwenden. Ermutigt durch den Erfolg seiner „Ansichten des Rheins“, gliederte er seiner Buchhandlung ein Gemäldekabinett an — eben jene Sammlung, die Goethe 1814 erwähnt — und stellte darin, der in Frankfurt herrschenden Vorliebe für die Niederländer entsprechend, Originale flämischer Meister wie Ruysdal, Terborg, Berchem, Ostade aus. Ein unvollendet gebliebener handschriftlicher Katalog dieser Sammlung weist 163 Gemälde und Graphiken aus. Wilmans unterstützte aber auch lebende Künstler wie den jungen Peter Cornelius, den er von Düsseldorf nach Frankfurt kommen und zwei Jahre bei sich wohnen ließ. Die damals — 1809 und 1810 — von Cornelius geschaffenen Porträts des Verlegers und seiner Gattin wurden später im Historischen Museum zu Frankfurt als Kleinodien romantischer Bildniskunst bewundert, bis sie 1931 als Leihgaben für eine Münchener Ausstellung der Brandkatastrophe im Glaspalast zum Opfer fielen. Das war ein Jahrhundert nach Wilmans' Tode am 8. Februar 1830. Seine Gattin folgte ihm nach neun Jahren und hat so lange die Buchhandlung noch weitergeführt.

Die Reproduktion des Wilmans-Porträts zeigt uns einen redlichen, aufgeschlossenen, liebenswürdigen Mann. Den „biederen Wilmans" nennt ihn der Frankfurter Buchhändler Carl Jügel, der 1808—1810 bei ihm gearbeitet hatte, in seinen Memoiren, dem bekannten „Puppenhaus" (1857). Wilmans war darüber hinaus aber ein sehr verantwortungsvoller, uneigennütziger Verleger, in immer gleichbleibender Gelassenheit auf das Wohl seiner Autoren bedacht; nicht einer der ganz großen Verleger, aber zu Unrecht in Vergessenheit geraten. Denn sein unbestreitbares Verdienst bleibt es, später berühmt gewordene Namen der Romantiker als erster in die literarische Öffentlichkeit eingeführt zu haben. Er war ferner der einzige, zu dem der späte Hölderlin in eine freundschaftliche Beziehung trat. Er war, um mit Paul Raabe zu schließen, „ein Wegbereiter der jungen Dichtung, der dazu beitrug, Unbekanntes zu Bleibendem zu erheben".

Das Lese-Institut im „Roten Männchen"

Als sich der sechzehnjährige Goethe Anfang Oktober 1765 zum Studium nach Leipzig begab, hatten ihn seine Eltern der Obhut des zur Messe reisenden Frankfurter

Buchhändlers Johann Georg Fleischer und dessen Ehefrau anvertraut. Damals konnte Fleischer noch nicht ahnen, daß seine Nachkommen zu der ersten Cottaschen Ausgabe der gesammelten Werke seines damaligen Schützlings dereinst (1827) die Titelkupfer beisteuern würden.

Fleischers Buchhandlung befand sich im „Mohren" an der Ecke von Buch- und Münzgasse und bot auf dem Ladentisch ein Kunterbunt von Büchern, Magazinen und Almanachen für die eilige Laufkundschaft an, während alle übrigen Bestände des Sortiments auf hohen Regalen standen oder in einem für die Kundschaft unzugänglichen Nebenraum gestapelt waren.

Eine schon etwas bessere Gelegenheit zum Stöbern und Aussuchen hatten die Bücherliebhaber in der seit 1772 bestehenden Weberschen Leihbibliothek an der Katharinenpforte oder beim Antiquar Seybert in der Töngesgasse, wo es vom Glück oder Zufall abhing, ob jemand unter den aufgeschichteten Bücherhaufen etwas ihn Interessierendes herauszufinden vermochte.

Erst durch das Aufkommen von „Bücherstuben", die durch Tische mit Sesseln, durch Bilder an den Wänden eine intime Note gewinnen und zum Verweilen einladen, weil zugängliche Regale eine Orientierung und Auswahl ermöglichen, haben manche Buchhandlungen den Charakter einer Ausstellung oder die anheimelnde Note einer privaten Sammlung gewonnen.

Wer aber glaubt, die Bücherstube sei eine Errungenschaft unserer Tage, wird erstaunt sein, wenn er erfährt, daß es Ähnliches in noch großzügigerer Aufmachung schon im Jahre 1795 in Gestalt des Frankfurter Lese-Institutes im „Roten Männchen" gegeben hat. Gründer war der Sohn Wilhelm jenes Johann Georg Fleischer, mit dem der junge Goethe nach Leipzig gereist war. Wilhelm Fleischer, der sich 1791 mit 25 Jahren als Verleger und Buchhändler am Kleinen Hirschgraben etabliert und sich dabei ausschließlich auf „Kunstbücher" spezialisiert hatte, bot außer Büchern wie die „Galerie zu Shakespeares Werken" mit den viel bewunderten Kupferstichen von Moritz Retzsch auch illustrierte Bücher an wie Cooks Beschreibung seiner Weltumsegelung oder Defoes „Robinson Crusoe".

Mit seinem bei Eröffnung seiner Buchhandlung veröffentlichten „Glaubensbekenntnis" zeigte sich Fleischer als begeisterter Anhänger der Aufklärung, der allen geschäftlichen Nutzen seinen Idealen unterordnete. Im Sinne Rousseaus und Pestalozzis, Campes und Basedows erblickte er in der Verbreitung der Wahrheit, im Dienst am Fortschritt und in Anweisungen zur Sittlichkeit und zur Läuterung des Geschmacks seine Aufgabe. Im Unterschied zu seinen Kollegen, die mit Räuber- und Abenteuerromanen auf raschen Absatz und Profit ausgingen, hatte Fleischer es lediglich auf die Verbreitung des Gedankengutes der Aufklärung abgesehen. Sein Firmensignet mit einem Spiegel, in dem sich von überallher Strahlen sammeln, ist ein Bekenntnis seines auf das „Menschenwohl" gerichteten Strebens.

Schon seit 1789 gab es in Frankfurt ein von dem Buchhändler Friedrich Eßlinger betriebenes Lesekabinett, das sich zuerst im Kasinogelände und später am Roßmarkt im „Goldenen Brunnen" befand. Hier lagen deutsche und ausländische Tageszeitungen, Magazine und Monatsschriften aus. — Weit großzügiger ging Fleischer zu

Werk, als er im „Roten Männchen“, dessen Hinterhaus sich bis in die Mainzergasse erstreckte, am 23. Dezember 1795 ein Lese-Institut einrichtete, von dem weitgereiste Fremde bezeugten, daß sie dergleichen weder in Paris noch in London angetroffen hätten.

Durch Rudolf A. Fleischer, der in zwei Büchern die Chronik seiner Familie veröffentlichte und damit einen wesentlichen Beitrag zu Frankfurts Kultur- und Bildungsgeschichte bietet, gewinnt man einen guten Eindruck von der permanenten Ausstellung aller Novitäten des deutschen und teilweise auch ausländischen Kunstmarktes, einer Schau, die, „auch an Sonntagen von 9 bis 8 Uhr abends durchgehend geöffnet“, dem Publikum ohne jeden Kaufzwang eine Orientierung über sämtliche Neuerscheinungen ermöglichte. Im „Roten Männchen“ gab es drei nebeneinanderliegende Zimmer für stille Lektüre, während ein vierter Raum mit Tageszeitungen auch Gelegenheit zu mündlicher Unterhaltung bot. Aquarelle und kolorierte Kupferstiche an den Wänden, Mappen mit Kunstblättern auf Tischen, deren Platten aus Stuckmarmor bestanden, Abgüsse von Büsten nach antiken Originalen erzeugten in diesen Räumen eine Atmophäre distinguierter Behaglichkeit.

Das Verzeichnis der Abonnenten dieses Lese-Instituts weist außer hessischen Fürstlichkeiten und Standesherren die Namen von Goethes Großvater Textor, von Angehörigen der Familien Metzler und Bethmann, von Willemer und d'Orville auf. Zum Teil hatten sie eine finanzielle Unterstützung zugesagt.

Fleischers Zukunftspläne wurden durch die kriegerischen Zeitläufe zunichte. Denn schon wenige Wochen nach der Eröffnung des Lese-Instituts hatte Frankfurt ständig Einquartierung von durchziehenden hessischen und österreichischen Truppen. Bedrohlich gestaltete sich die Lage, als die Reichsstadt 1796 nach vorheriger Beschießung durch die Franzosen besetzt wurde und bis zur restlosen Bezahlung der Kontributionen Fleischers zuverlässigste Gönner F. M. von Günderrode, J. N. Ohlenschlager und J. B. Schweitzer als Geiseln nach Paris verschleppt wurden. In dieser bewegten Zeit fand sich kein Mäzen für die Unterstützung eines Lese-Instituts, dachte niemand an Bücherkäufe und die Beschäftigung mit Kunst und Wissenschaft.

Schon wenige Monate nach seiner Eröffnung wurde daher das Lese-Institut geschlossen. Besitzer des „Roten Männchens“ wurde der Bankier Johann Jakob von Willemer, bei dem Goethe 1815 mehrere Wochen wohnte. Es wurde das Heim, in dem Marianne von Willemer bis zu ihrem Tode wohnte.

Fleischer, dessen Buchhandlung und Verlag ebenfalls vom Bankrott betroffen wurde, mußte sich, um der Schuldhaft zu entgehen, bei Bauern verstecken. Planlos umherwandernd, bemühte er sich in Straßburg und Basel um eine neue Existenz, die er schließlich in Paris fand: als Schöpfer des „Dictionnaire de Bibliographie“, eines Repertoriums der französischen Literatur, bei dem er sich die Methoden deutscher Gelehrter (Ersch, Hufeland und Steitz) zunutze machte.

Fleischer hat es nicht mehr erlebt, daß sein Neffe Friedrich, der Sohn seines älteren Bruders, zum Mitbegründer und drei Jahrzehnte hindurch zum ersten Vorsitzenden des Leipziger Vereins der Buchhändler wurde und als solcher maßgebend an dem Entstehen und der Entwicklung des Börsenblattes für den Deutschen Buchhandel beteiligt war.

Maximiliane Brentano, die Mutter von Clemens und Bettina

Schon als Kind wurde Maximiliane Laroche, „ein holdes Wunder an Liebreiz“, von Dichtern mit überschwänglichen Huldigungen bedacht. Wieland machte gar der kaum Dreizehnjährigen einen Heiratsantrag.

Maximilianes Elternhaus lag in Thal-Ehrenbreitstein am Rhein zu Füßen der majestätischen Philippsburg, der Residenz des Kurfürsten Clemens Wenzeslaus von Trier, bei dem ihr Vater Minister war. Tonangebend und ein Anziehungspunkt für die Wortführer der jüngsten Dichtergeneration war der Salon ihrer Mutter Sophie Laroche, die seit dem Erscheinen ihrer „Geschichten des Fräuleins von Sternheim“, dieses Romans mit seiner Kampfansage an triviale Vernünftelei und für ungekünstelte Natürlichkeit, von den Stürmern und Drängern als Bundesgenossin gefeiert wurde. Unvereinbar mit ihrer Ablehnung aller Gefühlsschwelgerei in ihren Büchern war es allerdings, daß sie sich als Hofdame des alten Regimes in der Pose einer empfindsamen schönen Seele gefiel. Dem unbefangen naiven Naturell ihrer Tochter Maxe war dies von Grund aus zuwider. Es war ihr höchst unsympathisch, daß sie mit diktierten Floskeln aus dem Vokabular der Empfindsamkeit die Tiraden ihrer Verehrer in gleicher Münze heimzahlen mußte.

Gegenüber dem faden Salongesäusel empfand Maxe es wie einen herzerfrischenden Hauch, als der junge Goethe sich nach seinem überstürzten Abschied von der Wetzlarer Lotte Buff im „seligsten Zirkel“ des Hauses Laroche bei Bootfahren, Tanz und Pfänderspiel von Maxes sanfter Schönheit bezaubern ließ, „eines Engels, der mit den wertesten Eigenschaften alle Herzen an sich zieht“. Wie Goethe versicherte, war sein Umgang mit Maxe auf den Ton „kindlichen Vertrauens“ abgestimmt. Ohne verzehrende Leidenschaft, ohne Wunsch des Besitzes war sie für ihn eine schwesterliche Kameradin.

Für die ehrgeizigen Eltern Laroche war Goethe auch als Bürgerlicher ohne Beziehungen zu Fürstenhöfen keine verlockende Partie. Um so eifriger bemühten sie sich um einen jungen Kurmainzer Geheimrat, der aber, in ein fatales politisches Ränkespiel verstrickt, seine Verlobung mit Maxe Knall und Fall löste. Um diese Scharte schleunigst auszuwetzen, liebäugelte man mit Peter Anton Brentano, einem aus Italien nach Frankfurt zugewanderten Handelsherrn, einem 39jährigen Witwer mit fünf Kindern. Hierüber sah man hinweg. Denn er war kurtrierischer Geheimrat und Persona grata beim Kurfürsten, dem späteren Paten seines Dichtersohnes Clemens. Hals über Kopf wurde die Verlobung am zweiten Weihnachtstag 1773 bekanntgegeben. Schon zwei Wochen später war die Hochzeit, worauf die 18jährige Maxe als Stiefmutter von fünf Kindern, deren ältestes schon elf Jahre alt war, in das „Haus zum Goldenen Kopf“ in der Großen Sandgasse übersiedelte. Mit dem galgenhumorigen Ausruf: „Gar schön und also heissa!“ verbarg Goethe seine Bestürzung.

Es war unvermeidlich, daß die zarte Maxe, die bisher an ein sorglos ungebundenes Leben, an einen nie abreißenden Reigen von Vergnügungen gewöhnt war, sich in ihrer neuen Umgebung, die viel Arbeit, eigene Verantwortung und Entschlußkraft erforderte, zuweilen unbehaglich fühlte. Aus solchen gelegentlichen Depressionen zog der giftige Klatsch Kapital. Brentano wurde als despotischer Eifersüchtling verunglimpft, und der bissige Merck behauptete, im ganzen Hause röche es nach Öl, stolpere man über Käsefässer und Heringstonnen. In die gleiche Kerbe schlug sogar Sophie Laroche, die sich in der Rolle der tiefbekümmerten Mutter gefiel. Aber keiner der Kolporteure böswilligen Klatsches konnte sich auf die geringste Äußerung der Ehegatten berufen. Nur Goethe beurteilte die Situation objektiv und richtig mit der Feststellung, daß sich Maxe „mit Fassung in die Umstände geschickt habe".

Es war ein Zeichen von Zartgefühl, daß Brentano, um seiner Frau die Eingewöhnung zu erleichtern, es gern sah, wenn Goethe, durch den er seinen Kontakt zum Frankfurter Patriziat verstärken konnte, mit seiner Frau musizierte und mit den Kindern spielte. In jenen Winter 1774, wo „hier dritthalb Wochen geschwärmt wurde", fiel auch das Eisfest auf dem Main, bei dem Frau Aja vor Entzücken in die Hände klatschte, als sie ihren Sohn auf Schlittschuhen unter den Brückenbögen durchflitzen sah. Er hatte sich ihren Mantel aus rosa Samt umgehängt, die lange Schleppe über dem Arm schwenkend, und umkreiste seine Maxe in eleganten Kurven. Vielleicht veranlaßte diese Episode, die dem Gerede neue Nahrung bot, Brentano, sich Goethes Besuche zu verbitten. Auch diesmal fügte Maxe sich schweigend, während sich Goethe auf die Kunde vom Selbstmord des jungen Jerusalem hin vier Wochen lang hermetisch von aller Außenwelt abschloß. Alles, was in den letzten Monaten an Glück und Leid auf ihn eingestürmt war, wälzte er sich vom Herzen, als er in 28 Tagen seinen „Werther" niederschrieb.

Inzwischen hatte Brentano sein Mißtrauen überwunden. Goethe durfte Maxe wieder aufsuchen. Aber nur zu bald, mit seiner Übersiedlung nach Weimar, entschwand er ihren Augen, wie sie sagt, als „der letzte und einzige, an dem sie noch einen Widerklang jener geistigen Töne vernahm, an die sie von Jugend auf gewöhnt war".

Im alltäglichen Einerlei flossen ihre Tage dahin. In 19 Jahren ist Maxe zwölfmal Mutter geworden. Als Goethe sie Anfang 1793 besuchte, war er tiefbewegt von dem unverminderten Zauber ihrer Erscheinung. Seine bangen Vorahnungen, daß dieses erste Wiedersehen zugleich das letzte sein würde, erfüllten sich einige Monate später. Ohne vorher krank gewesen zu sein, über Nacht verwelkt wie eine Blume, ist Maximiliane Brentano am 19. November 1793 verschieden und hat in der Karmeliter-Kirche im Familiengrab der Brentanos ihre letzte Ruhestätte gefunden.

Ifflands Frankfurter Triumphe

An dem Aufstieg August Wilhelm Ifflands als Schauspieler wie als Bühnenautor hatte das Frankfurter Theater erheblichen Anteil. Der Ruhm des jungen Schauspielers als Franz Moor war schon nach der Uraufführung von Schillers „Räubern" am 13. Januar 1782 vom nahen

Mannheim herübergeklungen, wo Iffland mit dem Helden fast indentifiziert und emphatisch gefeiert wurde, als er in seinem eigenen Stück, „Verbrechen aus Ehrsucht“, einem rührseligen Familiendrama, das Frankfurter Publikum zu begeisterten Ovationen bei offener Szene hinriß. „Man trägt mich auf Händen“, schrieb er im März 1784 seiner Schwester Louise aus Frankfurt und konnte nach einer der Aufführungen den ihn auf der Straße verfolgenden Verehrern erst entgehen, als er am Großen Hirschgraben als Gast von Frau Rat Goethe sicher war.

Er war damals 25 Jahre alt, geboren im gleichen Jahr wie Schiller — 1759 — als Sohn eines Kanzlei-Registrators in Hannover in grundsoliden bürgerlichen Verhältnissen, für die er selbst als Pfarrer bestimmt war. Aus Begeisterung für die Bühne aber riß er mit 17 Jahren aus und war schon nach wenigen Monaten Mitglied des Gothaer Hoftheaters, der ersten deutschen Bühne mit festem Ensemble. Als sie nach drei Jahren schloß, sicherte sich der Mannheimer Intendant Heribert von Dalberg die besten Talente der Gothaer Bühne, unter ihnen Boek, Beil, Iffland und Beck für sein Nationaltheater.

Schon als Zwanzigjähriger konnte Iffland Greise sowohl wie Helden und närrische Originale spielen. Er war auf kein Rollenfach spezialisiert. Ein Sonderfall in der Bühnengeschichte ist jedoch, daß er gleichzeitig Schauspieler und Theaterautor war, ein Stückeschreiber, der es auf mehr als 18 Bände mit Dramen, Lustspielen und Possen bringen sollte. Mit scharfem Verstand wußte er sie auf den Geschmack des Publikums abzustimmen, so daß Schillers Freunde schon besorgt waren um den Erfolg der Frankfurter Erstaufführung von „Kabale und Liebe“ nur wenige Wochen nach Ifflands „Verbrechen aus Ehrsucht". Die Titel beider Dramen stammen übrigens von den gegenseitigen Autoren: Schiller hatte den Titel für Ifflands Stück beigesteuert, und dieser dankte ihm mit dem Rat, die Kräfte der Handlung in dem bürgerlichen Trauerspiel „Luise Millerin" durch „Kabale und Liebe" schon anzudeuten. Iffland selbst spielte darin den verschlagenen Sekretär Wurm, seine Mannheimer Freunde Beil und Beck gaben den Musikus Miller und den Major Ferdinand. Es war also ein großartiges Gastspiel am Eröffnungstag der Frankfurter Ostermesse, dem 13. April 1784, für Einheimische und Fremde ein sensationelles Ereignis.

Wie Goethes Mutter bezeugt, hat Iffland schon ein halbes Jahr später während seines fünftägigen Gastspiels vom 27. bis 31. Oktober 1784 seine ersten Frankfurter Erfolge als Schauspieler überboten durch das „Groß-Gaudium" seiner zündenden Burlesk-Komik als vertrottelter Apotheker in Goldonis Stück „Die verstellte Kranke", so daß selbst seine Partner auf der Bühne, von Jubel und Gelächter mitgerissen, Mühe hatten, im Geleise zu bleiben. In seinen eigenen Stücken brillierte er im „Mündel" so sehr, daß das Publikum eine Wiederholung verlangte und ein anderes Stück vom Spielplan abgesetzt werden mußte. Am 29. Oktober mittags war er wieder zum Essen bei Frau Aja geladen. Bei ihr war er gern, während ihm andere Gastereien oft zu üppig waren. Es schmeichelte ihm zwar, daß er von der bürgerlichen Gesellschaft als einziger und erster Schauspieler als vollgültiges Mitglied anerkannt wurde, aber die täglichen „fürstlichen Diners" waren ihm doch zuviel. Seiner Schwester schilderte er „die ungeheuerliche Schwelgerei an Marmor, Silber, ausländi-

August Wilhelm Iffland (1759—1814)

schen Weinen und goldenem Kaffeeservice" bei Alexander Gontard, den der Arzt Dr. Johann Friedrich Wilhelm Dietz, der Administrator der Senckenbergischen Stiftungen, noch überbot: in seinem Hause am Eck von Zeil und Schäfergasse trat er gern als Kunstmäzen auf und lud Iffland nach einem schweren Essen, das mit einer Suppe „Englisch Bier" begann und mit altem Tokaier zum Dessert endete, anschließend noch zum Austernessen im „Nürnberger Hof" ein, so daß Iffland heilfroh war, als ihn um Mitternacht eine von seinen Verehrern bestellte vierpferdige Extrapost nach Mannheim zurückbeförderte.

Auch die Frankfurter Krönungsfeiern für Leopold II. (1790) wurden für Iffland zu einem weiteren Triumph seiner künstlerischen Laufbahn: er erhielt den Auftrag für ein Festspiel, eine dramaturgische Glorifizierung des Erzherzogs Friedrich von Österreich, das er dem Kaiser in blauem Samt gebunden persönlich überreichen durfte, wobei seine klug formulierten Komplimente für Österreich und Ungarn allseitigen Beifall fanden. Kurfürsten und geistliche Würdenträger beschenkten ihn mit goldenen Uhren und juwelengeschmückten Dosen. Selbstverständlich präsentierte sich Iffland während der Krönungstage auch als Autor und Darsteller. Goethes Mutter aber, die seine Stücke einst als „theatralische Herrlichkeit ohnegleichen" gepriesen hatte, fand diesmal Ifflands eigenes Spiel „kalt und seelenlos, als ob ein böser Geist in ihn gefahren wäre". Auch Goethes und Schillers „Xenien" schnellten scharfe Pfeile auf Ifflands Stücke ab. Aber ein Stückeschreiber wie Iffland mit der unfehlbaren Witterung für den jeweiligen Bedarf des Publikums gehörte für den Theaterleiter und -praktiker Goethe aus der Perspektive des Direktors vom Vorspiel seines „Faust" doch auch zu den Autoren, „die sich behaglich mitzuteilen wissen", denn ihre zugkräftigen Reißer waren Kassenmagneten, die kein Theater entbehren kann. Seitdem Iffland im Jahre 1796 zum Generaldirektor der Berliner Königlichen Schauspiele avanciert war und in seinem Repertoire die Dramen der Klassiker bevorzugte, war man auf ein gutes Einvernehmen mit ihm bedacht.

Als Iffland nach einer Pause von fast zwanzig Jahren im August und September 1811 drei Wochen lang in Frankfurt gastierte, wollte er auch dort mit Schillers Wallenstein und Wilhelm Tell, Lessings Nathan und Emilia Galotti für die Klassiker werben, merkte aber, daß das Publikum ihn lieber als Rochus Pumpernickel zu sehen wünschte und ihn als Grafen von Savern in Franz Holbeins knalliger Dramatisierung von Schillers „Gang nach dem Eisenhammer" weit attraktiver fand als in der Rolle des Wallenstein. Nicht einmal mit seiner Paraderolle als Molières „Geiziger" erzielte er soviel Wirkung wie durch die triviale Grotesk-Komik seiner versoffenen Magister, polternden Grobiane und tölpelhaften Gecken.

Im Dezember 1812 kam Iffland zum letztenmal zu einem siebentägigen Gastspiel nach Frankfurt, schon behaftet mit den ersten Anzeichen einer Brustwassersucht, an der er zwei Jahre später mit nur 55 Jahren am 22. September 1814 starb. Seine Routine ließ ihn jedoch in Frankfurt noch im Vollbesitz seiner Kräfte erscheinen, wo er nach Belieben als Spaßvogel oder Moralist auf Tränen der Rührung spekulierend, als biederer Tugendbold oder gutherziger Gemütsmensch auftrat.

„L'Avant-Coureur", solch anmaßlichen Titel führte die von Franz Varrentrapp in seinem „Hause zum Ellfeld" am Eck von Buch- und Münzgasse seit dem 26. April 1734 gedruckte französische Zeitung, die wegen ihrer freimütigen Meinungsäußerung und aktuellen Informationen in Frankreich, England und Rußland stärksten Absatz fand und in Venedig regelmäßig nachgedruckt wurde. Künftigen Ereignissen wollte sie gewissermaßen voraus-eilen und sich damit von Anton Heinscheidt's seit 1715 vertriebenem „Courier Curieux" distanzieren, der seinen „Kern merkwürdigster Nachrichten" aus französischen und holländischen Zeitungen übernahm und daher den Zeitereignissen nachhinkte. Mit dem arroganten Titel riskierte man gleichzeitig einen süffisanten Seitenblick auf die „Oberpostamt-Zeitung", das Sprachrohr des Wiener Hofes und des Klerus, das als Eigentum der Thurn- und Taxi'schen Post seine Möglichkeiten zu beschleunigtem Nachrichtenempfang nicht zu nutzen versuchte.

Manche seiner sensationellen Neuigkeiten verdankte Varrentrapp seinen Beziehungen zu Karl VII., dem von Österreich und Preußen abwechselnd bedrängten Kaiser, der oft monatelang in Frankfurt an der Zeil residierte, um sich vor seinen Widersachern zu schützen. Varrentrapp, der auch in deutschsprachigen Zeitungen für dessen Ansprüche eintrat, hatte durch einen Nebeneingang jederzeit Zutritt bei der Majestät. Während des Kaisers Abwesenheit lief dessen gesamte Korrespondenz durch Varrentrapps Hände. Abgesehen von den wichtigen Informationen, die er daraus zum Nutzen seiner Zeitung verwerten konnte, verfügte Varrentrapp über weitreichende ausländische Pressebeziehungen, die Voltaire zugute kamen, als er im Frühjahr 1753 auf Geheiß Friedrichs des Großen im Frankfurter „Gasthof zum Löwen“ drei Wochen als Arrestant verbringen mußte. Voltaires bissige Artikel darüber wurden durch Varrentrapp in eine Baseler Zeitung lanciert, so daß die Welt davon Kunde erhielt. Als einziges Souvenir erbat Varrentrapp sich eine von Voltaires pompösen Allongeperücken.

Zu internationalem Ansehen gelangte der „Avant-Coureur“ vor allem durch seine befähigten, gut honorierten Redakteure. Varrentrapp hat als einer der ersten Zeitungsverleger, der seinen Redakteuren eine gesicherte materielle Existenz gewährte, den Journalisten als Vertretern eines eigenen Standes zur Anerkennung verholfen. Zu seinen Mitarbeitern am „Avant-Coureur“ gehörten der geistreiche Menu de Minutoli und der bewährte ehemalige Cambrayer Kanonikus Marc-Antoine de la Barre de Beaumarchais, der spätere Leiter der päpstlichen Bibliothek, der von Varrentrapp mit einem Gehalt von fünfhundert Gulden dreimal so hoch wie ein Gymnasialdirektor bezahlt wurde. Dafür mußte er außerdem die „Amusements littéraires“ redigieren, eine von Varrentrapp angeregte politisch-historische Wochenschrift, für deren hohes Niveau schon die ständige Mitarbeit des geistreichen Essayisten Johann Michael von Loën bürgte.

Eine weitere von Beaumarchais redigierte Wochenschrift, auf leichtere Unterhaltung abgestimmt, „pour le cœur et pour l’esprit“, war „Le Perroquet“ („Der Papagei“), eine angenehm prickelnde Mischung von Erzählungen, Gedichten, satirischen Glossen und Fabeln. — Als der „Avant-Coureur“ mitteilte, daß in Wien alle Evangelischen katholisch werden müßten, bot sich den kaiserlichen Zensoren, die sich bisher nur durch Verweise bemerkbar gemacht hatten, eine Handhabe, um das Blatt zu verbieten. Varrentrapp jedoch verkaufte daraufhin seine Zeitung für 200 Gulden an Christof Trendel und blieb trotzdem der verantwortliche Eigentümer.

Mit den „Frankfurterischen Berichten“, seiner 1741 erfolgten Zeitungsgründung, schuf sich Varrentrapp eine Plattform, um mit dem ganzen Elan seines Temperamentes zu den Ereignissen seiner bewegten Zeit Stellung zu nehmen. Mit der Freigiebigkeit eines Großunternehmers sicherte er sich auch diesmal wieder gute Redakteure wie Dr. Otto Christian Lohenschild, der später einen Ruf als Historiker an der Universität Tübingen erhielt, den Rat Bender, später Syndikus von Wimpfen und Christian August Beck, hernach Reichsreferendar.

In der Frankfurter Presse hatten bisher ein Wirtschaftsteil und eine Handelsrubrik völlig gefehlt. Als Varrentrapp von 1748 an jede Woche auf vier halben Bogen die Börsennotierungen aus Paris, London, Amsterdam, Hamburg und Wien bekanntgab, protestierten der Frankfurter Börsenvorstand und die Makler entrüstet, die solche Angaben als ihr Reservat geheimhielten. Sie meinten, daß diese Neuerung den unlauteren Wettbewerb begünstigen würde und befürchteten, daß der Einzelhandel bei seinen Aufträgen Großhandelspreise verlangen könnte. Hiergegen wandte sich Varrentrapp in einer Denkschrift über die wirtschaftlichen Vorteile seiner Veröffentlichungen und veranlaßte dadurch den Magistrat, sämtliche Einwände als gegenstandslos abzuweisen.

Als aber am 2. April 1752 die „Frankfurter Berichte" eine Meldung über die rechtzeitige Aufdeckung einer Verschwörung von Petersburger Hofbeamten gegen die Kaiserin Elisabeth — wenn auch nur in Form eines „On-dit" — brachte, wurde die Versendung von Varrentrapps Zeitung auf Befehl von Wien dem Frankfurter Oberpostamt untersagt. Zwei Tage später erfolgte ihr Verbot durch Kündigung des Kaiserlichen Privilegs. Obwohl der russische Botschafter die Aufhebung des Verbots befürworten wollte und auch die Zarin sich versöhnlich geäußert hatte, blieb Varrentrapp auch für den „Avant-Coureur" und für seine Wochenschriften das Privileg versagt. Dies war das Ende einer maßgebenden „Zeitung für Deutschland", und damit schloß diese erste verheißungsvolle Glanzzeit der Frankfurter Presse. Sechsundvierzig Jahre verstrichen, ehe es durch die Begründung der zuerst in Tübingen, später in Stuttgart und Augsburg erscheinenden „Allgemeinen Zeitung" Cottas in Süddeutschland wieder ein Weltblatt von gleichem Ansehen gab.

Varrentrapp widmete sich fortan dem Ausbau seines Buchverlages und seiner Druckerei. Sein Ziel war es, die typographische Vollkommenheit, die sich bei der Zeitung nicht erreichen ließ, beim Druck des Frankfurter Stadt- und Ratskalenders und seiner genealogischen Kompendien und Sammlungen historischer Urkunden zu verwirklichen. Gegen die Entartung des Druckes mit abgewetzten Typen auf minderwertigem Graupapier protestierte er durch Anknüpfung an die Frankfurter Tradition des Schriftgusses und Schriftschnittes im 16. und 17. Jahrhundert. Wie für den Frankfurter Drucker und Schriftgießer Christian Egenolff (1502—1555) und den Schriftkünstler Jakob

Sabon aus Lyon, der seit 1571 in Frankfurt gewirkt und die kostbaren Typen des Antwerpener Druckers und Verlegers Christoph Plantin übernommen hatte, stand für Varrentrapp der Druck auf der Höhe einer freien Kunst. Konsequent vertrat er diese Meinung im Kampf gegen die Zunft, die ihn als „Ungelernten“ zu boykottieren versuchte und sein Personal so lange aufhetzte, bis es davonlief und er sich nach neuen Druckern umsehen mußte.

Aber nach dem Wahlspruch seines Verlagssignets, „Et inimici juvent“, auch Feinde helfen einem Mann, vervielfachten die Widerstände seine Kräfte: in 54 Jahren hat er den Büchermarkt mit 642 Druckschriften beschickt. Als der Raum seines Hauses für sein Sortiment und Antiquariat nicht mehr ausreichte, mietete er die Gewölbe des Karmeliterklosters und schaffte sich weitere Lagerplätze in Mainz, wo er Hofbuchhändler des Kurfürsten war.

Varrentrapps Stellung im süddeutschen Buchhandel wirkt um so beachtlicher, als er anfangs keineswegs vom Glück begünstigt gewesen war. Sein Vater Heinrich Abraham Varrentrapp, ein wohlsituierter Kaufmann, wurde durch Lieferungen an einen bankrotten Pfalzgrafen um 40 000 Gulden geprellt und mußte danach als Schreiber im Rathaus sein Leben fristen. Als der Sohn im Sommer 1728 im Lauf von fünf Wochen beide Eltern verlor und mit 22 Jahren auf sich allein angewiesen war, fand er einen Rückhalt an dem Bruder seiner Mutter, Georg Weidmann, dem Begründer der bekannten Leipziger Weidmannschen Buchhandlung. Durch seine Heirat mit Johanna Maria Moors, deren Bruder Schultheiß beim Stadtgericht war, verfügte Varrentrapp über gute Beziehungen zum Frankfurter Magistrat. Zusammen mit seinem Vetter Georg Weidmann oblag er der Freibeuterei eines Nachdrucks von Büchern, die ohne Schutz durch kaiserliches Privileg nur eine landesherrliche Lizenz aufzuweisen hatten. Gefördert durch die territoriale Zersplitterung gedieh der Nachdruck durch die Willkür von Duodezfürsten und wurde obendrein noch beschönigt, daß die Verbreitung der Drucke zur Veredlung der Sitten beitrage. Auch Varrentrapp hat sich daran beteiligt und sein Recht auf Nachdruck durch einen Verzicht auf eine weitere Beteiligung an der Frankfurter Buchmesse bekräftigt. 1775 versuchte er sogar, mit Kollegen eine eigene Buchmesse in Hanau abzuhalten, die durch mäßige Beteiligung in Enttäuschung endete. Mit der Verlagerung der Buchmesse von Frankfurt nach Leipzig in der zweiten Hälfte des 18. Jahrhunderts verlor auch Varrentrapp seinen Einfluß im Süden des Reiches. Schwer betroffen wurde er auch dadurch, daß sein ehemaliger Famulus Philipp Erasmus Reich, den er bei seinem Vetter Weidmann in Leipzig als Handlungsdiener untergebracht hatte und der dort zum Geschäftsführer und Teilhaber aufrückte, das Verbot jeder Einfuhr nachgedruckter Bücher nach Leipzig durchsetzte. Reich wurde 1765 zum Gründer des ersten deutschen Buchhändler-Vereins, aus dem sich 1792 die Spitzenorganisation der Leipziger Buchhändlerbörse entwickelte. Varrentrapps Vitalität hielt jedoch auch in hohem Alter noch stand. Noch mit 79 Jahren, im September 1785, entwarf er das Programm für die Festlichkeiten zu Ehren des Franzosen Blanchard nach dessen erstem Ballonaufstieg in Frankfurt. Quicklebendig sah man Varrentrapp beim Bankett im „Römischen Kaiser" in Voltaires Allongeperücke im Kreis der Honoratioren thronen und dem Bezwinger der Lüfte zutrinken. Zwölf Monate danach, am 18. September 1786, ist er gestorben, fast zwei Jahrhunderte vor der Wiedereröffnung der Frankfurter Buchmesse nach dem zweiten Weltkrieg.

Letzte Erinnerung an Hölderlin durch eine Gartenpforte an der Brentanostrasse

Manch einer, den bis 1942 sein Weg durch die von der Bockenheimer Landstraße abzweigende stillere Brentanostraße führte, ehe hier die Bomben ihr Vernichtungswerk betrieben, mag sich daran erinnern, daß in das Gartengitter der Häuser mit den Nummern 15 bis 23 eine von zwei Pfosten aus hellem Sandstein flankierte eiserne Pforte eingefügt war. Antikisierende Schalen mit Früchten und Blumen als Bekrönung dieser Pfosten, deren Flächen zierliche Akanthusranken als Schmuck dienten, deuteten auf eine kultivierte Steinmetzarbeit. Ganz von Efeu umrankt und ihrer eigentlichen Bestimmung, als Durchlaß zu dienen, entzogen, erweckte die Pforte den Eindruck eines nachträglich in das Gitter eingebauten Teilstücks, über dessen Herkunft keiner Bescheid wußte.

Erst Theodor Wüst hat festgestellt, daß diese Teilstücke eines Gartengitters ursprünglich vom Hof des Gontard'schen Palais „Zum Weißen Hirsch“ am Großen Hirschgaben 3 über eine Terrasse in den Park geführt haben, der sich bis an die altersgrauen Mauern des ehemaligen Weißfrauenklosters erstreckte. Jetzt erst kennt man den ideellen Wert der Pforte als letzte sichtbare Erinnerung an Susette Gontard und Friedrich Hölderlin, den Erzieher ihrer Kinder, der vom Januar 1796 bis Ende September 1798 in diesem Stadthaus der Familie — im Wechsel mit ihrem Sommersitz auf dem Adlerflychthof — den zweiten Band seines „Hyperion" vollendete und an seiner „Empedokles"-Tragödie arbeitete. Durch diese Pforte gelangte er an der Seite Susette Gontards, der Diotima seiner Dichtung, zu den mit wilden Rosen bewachsenen Hängen des Gartens und einem Wäldchen bis zur Ulmenallee, die in Erinnerung an die beiden Liebenden noch nach 50 Jahren die „Seufzerallee" genannt wurde. — Haus und Park des „Weißen Hirsch", noch bis 1834 im Besitz der Familie Gontard, dann Sitz des Lyzeums Jost, mußten 1872 bei der Verlängerung der Bethmannstraße bis zum jetzigen Kaiserplatz dem Straßendurchbruch weichen. Wie aber hat sich die Pforte erhalten, und wie kam sie in die Brentanostraße?

Den Abbruchsarbeiten am Großen Hirschgraben fiel auch eine Möbelfabrik und Kunsttischlerei zum Opfer, deren Besitzer Peter Friedrich Ditmar in seinen Jugenderinnerungen Aufschluß darüber gibt: Als er buchstäblich in letzter Minute auf einem Trümmerhaufen die Pforte samt der beiden Pfosten entdeckte, erinnerte er sich daran, daß seine Schwiegermutter, Frau Lotte Wichelhausen, jedesmal, wenn sie im Garten des „Weißen Hirsch" zur Teevisite bei ihrer Kusine Frau Mayer-Gontard gewesen war, entzückt von der Schönheit dieser Gartenpforte gesprochen hatte. Um ihr eine Freude zu machen, veranlaßte er den Einbau der Pforte und ihrer Pfeiler in das Gartengitter seines Wohnsitzes in der späteren Brentanostraße, ohne zu ahnen, daß er damit ein Erinnerungsstück an Hölderlin und Diotima gerettet hatte.

Schaut man in Gedanken durch die Pforte noch einmal vom Park am Großen Hirschgraben zurück in das Haus „Zum Weißen Hirsch“, von dessen fürstlich ausgestattetem Innern uns keine Ansichten überliefert sind, so hilft dabei doch eine Beschreibung der letzten Reste dieser einstigen Umgebung Hölderlins von Johanna von Gwinner, deren Familie seit drei Generationen das dem „Weißen Hirsch“ benachbarte Haus Nr. 5 bewohnte. Hölderlin war der Lieblingsdichter ihres Großvaters Senator Philipp Gwinner gewesen, Verfasser des Buches über „Kunst und Künstler in Frankfurt“, und ihres Vaters Wilhelm von Gwinner, dem Schopenhauer-Freund und -Biographen. Durch beide wurde Johannas Interesse für Hölderlin geweckt. Als sie daher ihre Schulzeit von 1860—1867 in dem Jost'schen Lyzeum in den Räumen des einstigen Gontard'schen Hauses verbrachte, durchstreifte sie andachtsvoll das ganze Haus und wußte sich auch in die verschlossenen Prunkräume Eingang zu verschaffen. Blaß schimmerte noch der Goldglanz der Stukkaturen, morsch geworden waren die Ranken der Blumenornamente und fast erblindet die hohen Wandspiegel. Aber unversehrt waren das imposante Treppenhaus und der säulengestützte Balkon, durch dessen Gitterwerk Susette Gontard, ohne selbst gesehen zu werden, den ganzen Hirschgraben überblicken und den Dichter sehen konnte, wenn er die Straße herabging. — Johanna von Gwinners Schilderung findet sich in der Chronik des Jost'schen Lyzeums, „Hundert Jahre Frauenarbeit“, die die Rektorin Anna König 1924 herausgegeben hat, auch diese Schrift also birgt ein verstecktes, stilles Erinnerungsdokument an Hölderlins Zeit in Frankfurt.

Weit nachhaltiger als durch sein Zeitstück „Die Journalisten“ und durch die Romanreihe seiner „Ahnen“ bleibt Gustav Freytag mit dem Frankfurter Geistesleben verbunden, seitdem zusammen mit seiner Bibliothek von über tausend Bänden älterer deutscher Dichter im Jahre 1895 seine Sammlung von Flugschriften aus der Zeit vom 16. bis zum 18. Jahrhundert der Frankfurter Stadtbibliothek gestiftet wurde.

Während solche Kleindrucke als Tages- und Gelegenheitsschriften in anderen Bibliotheken meist in Mischbänden versteckt und schwer aufspürbar sind, bietet ein 1925 von Dr. Paul Hohenemser abgeschlossener, in 24 Gruppen eingeteilter Katalog mit ausführlichem Schlagwortregister eine Orientierungsmöglichkeit über diese Kollektion, von der jedes einzelne Exemplar das Signum von Gustav Freytags zierlicher, wie gestochener Handschrift aufweist.

Bei Aufzählungen kultureller Kostbarkeiten aus Frankfurts Besitz wird diese einzigartige Sammlung nirgends erwähnt. Befremdend wirkt es auch, daß in Veröffentlichungen aus der Zeit von 1933 bis 1945 der Name ihres Stifters ungenannt blieb. Verschwiegen wurde, daß, als nach Freytags Tod am 30. April 1895 in Wiesbaden ein förmlicher Ansturm von Antiquaren und auswärtigen Bibliotheken einsetzte, der Frankfurter Stadtverordnete und Reichstagsabgeordnete Leopold Sonnemann sämtliche Reflektanten überboten hatte, um als eine Stiftung an die Stadtbibliothek Freytags Büchernachlaß aus eigenen Mitteln anzukaufen.

Von den zweitausend Stücken der Flugschriften-Kollektion entfallen allein 450 fliegende Blätter, Sendschreiben, Satiren und Streitschriften auf Luther und der Rest auf andere Reformatoren und deren Humanistenfreunde wie Erasmus von Rotterdam, Hutten und Sickingen. Reich vertreten sind auch die Zeiten des Dreißigjährigen Krieges mit alarmierenden Zeugnissen über den politischen und moralischen Tiefstand, mit Klagen und Hilferufen der bedrängten Städte und Länder.

Als Gradmesser für alle Schattierungen der Volksstimmung, des Glaubens wie des Aberglaubens und der Propaganda fanden diese Kleindrucke seinerzeit so starken Absatz, daß von einer Flugschrift gegen die Anhänger von Zwingli und Calvin in Halle an einem einzigen Sonntag vor und nach den Gottesdiensten den Händlern fünfzehnhundert Exemplare aus den Händen gerissen wurden. Im Jahre 1566 wurde dieser Rekord noch überboten durch ein Pamphlet über die Unarten des Ritters Wilhelm von Grumbach, eines blutrünstigen fränkischen Mordbrenners. Als von dieser Flugschrift schon nach zwei Stunden 1400 Exemplare vergriffen waren, mußten im Laufe von nur einer Woche nicht weniger als viermal Neuauflagen hergestellt werden.

Auf Anregung seines Leipziger Verlegers Salomon Hirzel legte Freytag 1848 den Grundstock zu seiner Sammlung, zunächst aus reiner Liebhaberei ohne Absicht auf literarische Auswertung, aus Wohlgefallen an schönen Drucken, am kunstreichen Rankenwerk von Titeleinfassungen, welche Meister vom Range Dürers und Cranachs entworfen hatten. Später aber begann er systematisch zu sammeln, auch solche Flugblätter, die sich auf alle Gefühlsregungen und Meinungsäußerungen der Volksmasse erstreckten und dabei auch Außenseiter wie Teufelsbeschwörer, Magier, Gauner und alle Abarten von Kriminellen berücksichtigten. Diesen Flugschriften verdanken manche auch heute immer noch beachtlichen Abschnitte aus Freytags „Bildern aus der deutschen Vergangenheit“ Farbe, Glanz und literarisches Gepräge.

Unter den speziell auf Frankfurt Bezug nehmenden Drucken finden sich Ausgaben von Ratserlassen, von Statuten für einzelne Gewerbe sowie Berichte über Kaiserwahlen und Krönungen; selbstverständlich auch Zeugnisse über den Aufruhr von 1616 und kolportagehafte Beschreibungen über die Hinrichtung von dessen Rädelsführer Fettmilch und seinen Komplicen. Durch ein drastisches Titelbild fesselt ein „Wahrhaftiger Bericht“ über den „erbärmlichen Mord“ an zwei Kindern im Pfarrhof von Sprendlingen und die im Frühjahr 1570 in Frankfurt erfolgte Hinrichtung des Täters.

Als geistiger Nachfahre von Jakob Grimm, in ständigem Kontakt mit den Begründern der Germanistik und Geschichtswissenschaft wie Julian Schmidt, Otto Jahn und Theodor Mommsen, im Fahrwasser der ausklingenden Romantik und deren Vorliebe für die spontanen, unverbildeten Äußerungen eines schöpferischen Volksgeistes hat Gustav Freytag durch seine Flugschriften-Sammlung der Forschung eine wertvolle Überschau über diese sonst weit verstreuten und nur vereinzelt einzusehenden Flugblätter geschaffen.

III
HANDEL UND WANDEL

Der Türkenkalender Gutenbergs

Als die Türken nach ihrer Eroberung Konstantinopels am 29. Mai 1453 bis nach Ungarn und Böhmen vorgedrungen waren und damit den über Venedig laufenden Handel des Abendlandes mit dem Orient unterbunden hatten, beriefen Papst Calixtus III. und Kaiser Friedrich III. für den 15. Oktober 1454 einen Reichstag nach Frankfurt in den Kaisersaal des Römers ein. Damit verband sich eine Werbeaktion, die die weltlichen und geistlichen Potentaten und alle Volksschichten zur Beteiligung an der Türkenabwehr aufrufen sollte.

Die imposanteste Gestalt des Reichstages war der päpstliche Kanzler Enea Sylvio Piccolomini, der Humanist und Dichter, den der Kaiser einige Jahre zuvor in Frankfurt durch Bekrönung mit einem Lorbeerkranz geehrt hatte, und der später als Papst Pius II. zur höchsten geistlichen Würde gelangte. Um aber auf das Volk mit allen Mitteln packender Agitation einzuwirken, weilte auch der weitberühmte Wanderprediger und italienische Minoritenpater Johann Capistrano während des ganzen Oktober in Frankfurt. Der hinreißenden Wirkung seiner Reden im Dom und auf dem Samstagsberg tat es keinen Abbruch, daß der Wortlaut seiner moritatlich grellen Ausmalung der Türkengreuel durch einen Dolmetscher verdeutscht werden mußte. Für eine *dauernde* Nachwirkung jedoch boten solche rasch verhallenden Worte keine Gewähr. Dies hatten die Organisatoren der Werbung für den geplanten Türkenzug erkannt und machten sich daher die Erfindung des Druckes durch Verpflichtung Johann Gutenbergs nutzbar. Es war ein historisches Novum, das geschriebene Wort, das bisher nur der Belehrung und Erbauung gedient hatte, für religiöse und politische Propaganda zu verwenden, und zwar durch eine gedruckte „Mahnung der Christenheit wider die Türken". Da Gutenberg nach seinem Zerwürfnis mit dem Mainzer Goldschmied Hans Fust, seinem bisherigen Teilhaber, Geldgeber und rigorosen Gläubiger, seit Anfang August 1454 in Frankfurt bei seiner Nichte, der Gattin des Patriziers Henne Humbracht, lebte, stand er für den Reichstag zur Verfügung.

Sein „Türkenkalender für 1455", eine nach Monaten gegliederte Reimchronik mit Mahnungen zur Einigkeit angesichts der dem Reich drohenden Gefahr, war eine Gelegenheitsarbeit, aber in drucktechnischer Hinsicht eine neue eigenschöpferische Leistung. Um sich dem geistigen Horizont des Volkes anzupassen, nahm Gutenberg die Lettern der auf allen Gassen feilgebotenen Flugblätter der Kartenmaler und Illuministen als Anregung zur Ausprägung der gotischen Druckschrift, die die Vorzüge einprägsamer Klarheit und formaler Schönheit besaß.

Da Hans Fust sich Gutenbergs Mainzer Werkstatt-Inventar und Letternvorrat angeeignet hatte, mußte Gutenberg in Frankfurt für seine hölzerne Presse mit Handrubrizierung Ersatz schaffen. Obwohl ihm für den Druck des Türkenkalenders kaum acht Wochen zur Verfügung standen, wagte er es, seinen Gesellen die erstmalige Er-

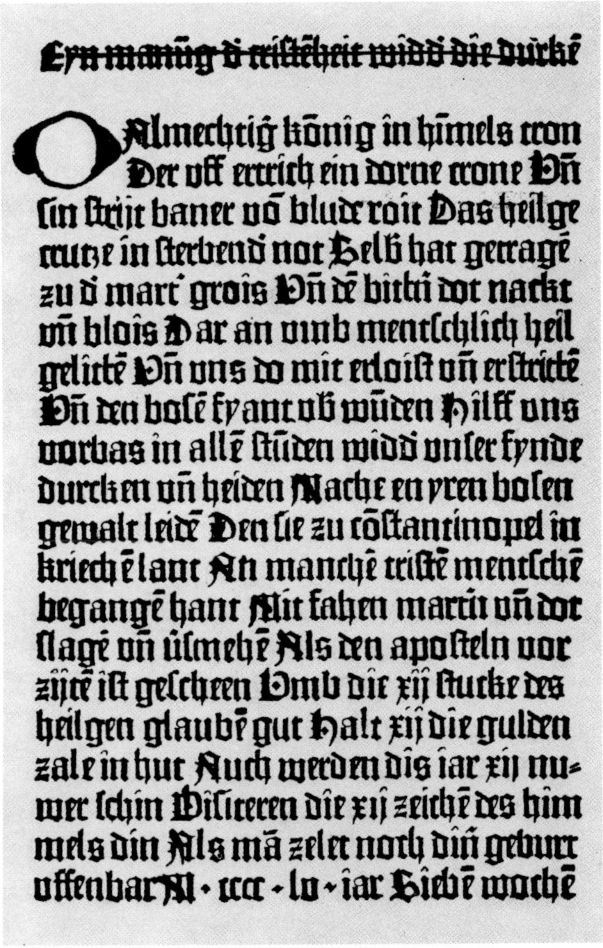

Eyn manūg d' cristēheit widd' die durkē

O Almechtig kōnig in hīmels tron
Der uff ertrich ein dorne crone Vñ
sin strijt baner vō blude roit Das heilge
crutze in sterbend' not Selb hat getragē
zu d' mart' grois Vñ dē bitt'n dot nackt
vñ blois Dar an vmb mentschlich heil
gelittē Vñ uns do mit erloist vñ erstritē
Vñ den bosē fyant ob wūden Hilff uns
vorbas in allē stūden widd' unser fynde
durcken vñ heiden Mache en yren bosen
gewalt leidē Den sie zu cōstantinopel in
kriechē lant An manchē cristē mentschē
begangē hant Mit fahen martern vñ dot
slagē vñ ūsmehē Als den aposteln vor
zijtē ist geschehen Umb die xij stucke des
heilgen glaubē gut Halt xij die gulden
zale in hut Auch werden dis iar xij nu-
wer schin Visiteren die xij zeichē des him
mels din Als mā zelet noch dīn geburt
offenbar M · cccc · lv · iar Siebē wochē

Erste Seite von Gutenbergs Türkenkalender auf das Jahr 1455,
die erste gedruckte politische Flugschrift

probung seiner Erfindung handgeschnittener Stempel zuzumuten, eine radikale Umstellung auf neue Methoden des Schnitts und des Gusses. — Gleizeitig mit dieser Fertigstellung des Türkenkalenders lief die Erledigung eines kurzfristigen Auftrages für den Druck eines päpstlichen Ablaßbriefes, der einen „volkommenen“ Ablaß für die Jahre 1453 bis 1455 gewähren sollte.

Diese Ablaßbriefe sollten auf dem für den 6. Dezember 1454 nach Frankfurt einberufenen Deutschen Städtetag mit einer Auflage von zweitausend Exemplaren den Bürgermeistern, Schöffen und Ratsherren überreicht werden und damit zur Beitreibung von Geldern für die Finanzierung des Türkenkrieges dienen. Bisher waren Ablaßbriefe nur handschriftlich angefertigt worden; diese Frühdrucke in der 31-zeiligen Urtype des Türkenkalenders wurden daher zu Dokumenten einer neuartigen Propaganda. Wenn auch der Aufwand dafür wegen des schließlich gar nicht zustandegekommenen Feldzuges umsonst vertan war, so bleiben sie doch das früheste Zeugnis einer gedruckten Werbung, die über alle Ländergrenzen hinweg im gesamten Heiligen Römischen Reich die Runde machte.

Christian Egenolff, der Stammvater der Frankfurter Schriftgiesser

Frankfurts führende Stellung als Buchdruckerstadt begann 1530 mit der Übersiedlung des Buchdruckers, Schriftgießers und Verlegers Christian Egenolff von Straßburg nach Frankfurt. Egenolff war 1502 in Hadamar im Westerwald geboren und in Straßburg, das als Druckerstadt einen Ruf hatte, nur zwei Jahre gewesen, in denen er bereits 36 Werke auf den Markt gebracht hatte und als Lieferant von Matrizen und Typen an andere Druckereien erheblichen Anteil an der Einführung der Frakturschrift besaß. Er hatte auch die auf Anregung Kaiser Maximilians I. hergestellten Gebetbuchtypen und die Augsburger Theuerdankschrift gegossen und bis nach Hamburg verbreitet. Straßburg sah ihn mit seinen Facharbeitern daher nur ungern ziehen und verlor denn auch später seinen Ruf als Druckerstadt an Frankfurt.

Egenolff aber zog es an die Stätte der Buchmessen mit ihren besseren Geschäftsverbindungen und zugleich in den dortigen Kreis der Humanisten, der sich um den Patrizier Hammann von Holzhausen gebildet hatte, und zu dem sein Studienfreund und Berater Dr. Justinus Gobler und der Rektor des von Gobler gegründeten Frankfurter Gymnasiums Jacobus Micyllus gehörten. Egenolff hatte fünf Jahre an der Universität Mainz studiert, sich gründliche Kenntnisse im Lateinischen und Griechischen erworben und fühlte sich zeitlebens mehr als Wissenschaftler denn als Verleger. Er war nicht nur Drucker, Stempelschneider und Schriftgießer, sondern auch Verleger und Buchhändler. Alle diese Funktionen waren damals noch nicht voneinander getrennt.

Es war fast unverständlich, daß es vor Egenolffs Niederlassung in Frankfurt noch keine leistungsfähige Druckerei gegeben hatte. Die vorhandenen Werkstätten rings um das Barfüßerkloster — am heutigen Paulsplatz — reichten nur aus für den Druck von Flugblättern, so daß der Rat den Druckauftrag für sein Stadtrecht 1509 an Johann Schöffer nach Mainz vergeben mußte.

Das wurde mit Egenolffs Ankunft anders. Als hochgebildeter Humanist mit den führenden Geistern seiner Zeit, Reuchlin, Erasmus von Rotterdam, Hutten, Melanchthon und Sebastian Franck persönlich bekannt, gewann er sie als Autoren für seinen Verlag, und die Zugkraft ihrer Namen begründete dessen hohes Ansehen. Der Rat der Stadt gewährte ihm weitgehend Unterstützung und ermöglichte ihm durch ein Darlehen von 400 Gulden im Frühjahr 1533 den Ankauf eines eigenen Hauses in der Bleidenstraße, so daß ihm keine Mitbewohner mehr wegen der beim Drucken unvermeidlichen „Sudlerei" zusetzen konnten. Hier druckte er im folgenden Jahr, wenige Monate nach dem Erscheinen des bescheiden ausgestatteten Wittenberger Erstdrucks der Lutherbibel, eine mit Holzschnitten des Nürnbergers Hans Sebald Beham stattlich illustrierte Prachtausgabe der Bibel, ein Meisterwerk graphischer Kunst. Im gleichen Jahr 1534 gab er zusammen mit seinem Schwiegersohn, dem Stadtarzt Dr. Adam Lonicer, das berühmte „Teutsche Kräuterbuch" heraus, ein Standardwerk von 1500 Seiten mit einer Fülle z. T. farbiger Holzschnitte der Heilpflanzen. Es waren besonders solche Bücher, „durch die den Menschen in Zeiten schwerster Krankheit geholfen werden kann", auf die er sein Augenmerk richtete. Diesem Zweck dienten auch die von ihm gedruckten medizinischen Schriften. Er bevorzugte ferner volkstümliche Schriften, die als Chroniken, Rechenbücher, Grammatiken, Kochvorschriften und Kalender der Allgemeinbildung dienen sollten. Von der Veröffentlichung konfessioneller Streitschriften sah er ab, um niemand zu verletzen, ganz im Gegensatz zu seinem Zeitgenossen und Nachfolger, dem Formenschneider und Verleger Sigmund Feyerabend, der zwar ein großer Verleger wurde und Frankfurt zur ersten Druckerstadt Europas machte, wie sie Henri Estienne in seiner Lobschrift auf die Frankfurter Messe 1574 geschildert hat, dem aber die Konfession seiner Autoren ganz gleich war; skrupellos druckte Feyerabend später sowohl Schriften von Papst Innozenz IV. wie von seinen lutherischen Gegnern! Sein Signet, eine dahinstürmende Fortuna, die mit zwei Trompeten gleichzeitig die Gloria ihrer Firma in die Welt posaunt, kennzeichnet seine Sinnesart. Egenolffs Signet dagegen, ein auf einem antiken Altar von Flammen umlodertes Herz, bezeugt symbolisch seine hohe Berufsauffassung. — Bei der illustrativen Ausstattung der von Egenolff gedruckten Bücher ist man immer wieder fasziniert von der Fülle anmutiger Leisten und Bordüren, Medaillons und Initialen in vielerlei Kombinationen des Figürlichen und Ornamentalen, mit buntem Wechsel idyllischer und grotesker Motive. Da Egenolff nur Künstler von Rang heranzog wie Weiditz, Brosamer, Burgkmaier und Schäufelein, hat er durch die kultivierte Ausstattung seiner Bücher vorbildlich und wegweisend gewirkt.

In seiner eigenen Lebensführung blieb Egenolff unauffällig und bescheiden, wenn er auch als Virtuose gepflegter Geselligkeit galt. Da er — im Gegensatz zu Gutenberg — zu Vermögen gelangte und sowohl eine florierende Druckerei an der neugegründeten Universität Marburg wie eine Papiermühle in Gengenbach im Schwarzwald besaß, war er darauf bedacht, sein Geld nutzbringend für seine Nachkommenschaft anzulegen. Ihm selbst waren nur dreiundfünfzig Lebensjahre beschieden. Rechtshändel mit Autoren und Kollegen blieben ihm nicht erspart, rieben

Christian Egenolff (1502—1555)

Erster ständiger Schriftgießer und Buchdrucker in Frankfurt a. M.

ihn auf und verbrauchten vorzeitig seine ganzen Kräfte. Er starb im Jahre 1555; sein einziger Sohn, der Pfarrer geworden war, folgte ihm schon ein Jahr später. Haupterbin des Egenolff'schen Verlages, seiner Druckerei und Schriftgießerei wurde seine einzige Enkelin Judith, die nach dem Tode ihrer Mutter nur die Schriftgießerei behielt, da sie den ehemaligen Mitarbeiter ihres Großvaters, den berühmten Schriftgießer Jakob Sabon aus Lyon heiratete, der nun die Schriftgießerei in eigener Regie zu hohem Ruhm weiterführte. Als er 1580 starb, heiratete seine Witwe Judith in zweiter Ehe seinen Faktor Konrad Berner, der das Ansehen der Firma weiter mehrte, später zusammen mit seinem und Judiths Sohn Johann Berner. Da dessen Tochter Katharina den Schriftgießer Johann Luther heiratete, einen entfernten Verwandten des Reformators, blieb die von Egenolff begründete Schriftgießerei durch vier Generationen auf gleicher Höhe im europäischen Bereich und weitete nun in fünfter und sechster Generation durch den Sohn Johann Luthers, Dr. Johann Nikolaus, und dessen Sohn, Dr. Heinrich Ehrenfried Luther, ihre Verbindung bis nach Nordamerika aus.

Hier begründete der dorthin ausgewanderte Pfälzer Schneidergeselle Christoph Sauer in der pennsylvanischen Stadt Germantown, einem späteren Vorort Philadelphias, im Jahre 1738 die erste deutsche Druckerei. Das Besitzrecht an der 25 000 acres umfassenden deutschen Siedlung Germantown hatte die „Frankfurter Landkompagnie", ein Konsortium begüterter frommer Bürger, nach ihrer Versammlungsstätte „Saalhofpietisten" genannt, die im Interesse unbehinderter Religionsfreiheit die Auswanderung nach Amerika propagierten. Ihre Aufrufe erreichten auch jenen Pfälzer Christoph Sauer, der, in vielen Sätteln gerecht, sich als Ackerbauer, Uhrmacher, Drechsler und Glaser betätigte, bis er durch Glaubensfreunde in den Besitz einer Druckerpresse geriet. Durch Vermittlung des hessischen Amtmannes Christoph Schütz gelangte er in Verbindung mit Dr. Johann Nikolaus Luther, der ihm gratis sechs Zentner Schrifttypen schickte, während dessen Sohn Heinrich Ehrenfried später weiteres Zubehör zur Ausstattung der Sauerschen Druckerei in Germantown spendete. Damit besaß Sauer ein Material, dessen gute Qualität bei niedrigem Preis das bisher aus London beschaffte Druckereizubehör übertraf und daher auch von anderen amerikanischen Städten wie Boston und Philadelphia angefordert wurde. Luthers Frankfurter Firma, die auch Matrizen aus Blei und Anleitungen zum Typenguß lieferte, wurde in der Folge in ganz Nordamerika führend, ein Verdienst Christoph Sauers, der nach dem guten Absatz seiner Kalender und Erbauungsschriften sich auch als Zeitungsverleger einen Namen machte. Sein „Hochdeutsch-Pennsylvanischer Geschichtsschreiber", der halbmonatlich erschien, brachte es bis 1751 auf viertausend Abonnenten, z. T. durch seine Annoncen zum Einheitspreis von fünf Schilling, von denen dem Inserenten bei schnellem Erfolg ein Teilbetrag zurückerstattet wurde. — Zu Kapital gelangt, riskierte Sauer den Druck von 1200 Exemplaren einer deutschen Lutherbibel mit einem Umfang von 1284 Seiten, ein denkwürdiges Ereignis für Nordamerika, wo es bislang keine in eine europäische Sprache übersetzte Bibel gegeben hatte, sondern nur eine einzige im Jahre 1663 im Dialekt der Indianer erschienene Ausgabe.

Seinen Dank an Heinrich Ehrenfried Luther bekundete Sauer durch Übersendung von zwölf Bibeln, den sogenannten „Apostel-Bibeln“, da jede nach einem der zwölf Jünger Christi benannt war. Da die Dreimastbark „Regina Hongaria“, mit der sie verschifft wurden, unterwegs von französischen Piraten gekapert und mit der ganzen Fracht in einem Hafen zu Geld gemacht wurde, galt die Sendung als verloren. Durch einen nie geklärten Zufall jedoch gelangten sämtliche Bibeln zwei Jahre später nach Frankfurt an den Erzeugungsort ihrer Drucklettern, wo sie von Heinrich Ehrenfried Luther bis auf ein Exemplar an Bibliotheken verschenkt wurden. Die einzige heute erhalten gebliebene Apostel-Bibel aus dem Besitz der Frankfurter Stadtbibliothek wird wegen ihres hohen Seltenheitswertes in einem Tresor des Römers verwahrt.

So ist Egenolff zum Stammvater von Generationen geworden, die im Verlauf von zweieinhalb Jahrhunderten — Mitte des sechzehnten Jahrhunderts bis um das Jahr 1800 — als Drucker, Buchverleger und Schriftgießer Frankfurt zu internationalem Ansehen und über Europa hinaus zur Weltgeltung als Drucker- und Schriftgießerstadt verhalfen.

Calvins Schlichtungsversuch in Frankfurt vom Jahre 1556

Mit Frankfurt fühlten sich die Reformierten in aller Welt freundschaftlich verbunden, seitdem der Rat der Stadt in den Jahren 1553 bis 1555 den um ihres Glaubens willen vertriebenen niederländischen und wallonischen Calvinisten Zuflucht gewährt hatte. Auch Engländer unter ihrem Reformator John Knox waren vor der fanatischen Ketzerverfolgerin, der „blutigen“ Königin Maria Tudor, nach Frankfurt geflohen, kehrten aber 1559 nach Beendigung dieses kurzen Schreckensregiments in ihre Heimat zurück unter Hinterlassung einer vergoldeten Kredenz und einer lateinischen Danksagung an den Rat für die erwiesenen Guttaten „Euerer berühmten Republik“.

Die Wallonen und Niederländer aber, die auf zwei kleinen Segelschiffen eine Irrfahrt an den Küsten der Ost- und Nordsee hinter sich hatten, wo sie in Wismar, Hamburg und Emden von den Lutheranern abgewiesen worden waren, wurden auf Betreiben der Frankfurter Patrizier Claus Bromm und Adolf von Glauburg zum Bleiben veranlaßt, denn der Reichsstadt mangelte es nach dem Schmalkaldischen Krieg und der Belagerung der Stadt von 1552 an Handwerkern und tüchtigen Gewerbetreibenden. Für ihre Gottesdienste gewährte man ihnen die säkularisierte Weißfrauenkirche. Die Flüchtlinge waren zumeist unbemittelte Textilarbeiter, Weber, Seidenfärber, Edelsteinschleifer und Bierbrauer, tüchtige und intelligente Leute, zäh, redlich und enthaltsam. Durch ihre Kenntnis des internationalen Handelsverkehrs und ihre rationellen Arbeitsmethoden aber waren sie den noch an ihre Zunftvorschriften gebundenen einheimischen Meistern überlegen. Während diese ausschließlich Gesellen beschäftigten, die bei ihnen in Kost und Logis waren, leisteten die fremden Handwerker mit ihren Familienangehörigen zusätzliche Akkordarbeit gegen Stücklohn. Gegen solche Konkurrenz beriefen sich die einheimischen Gewerbetreibenden mit Beschwerden und Klagen auf den ihnen als Vollbürgern zustehenden Rechtsschutz.

Man darf jedoch die in der Frühzeit des Calvinismus scharf ausgeprägte Polarität von Frömmigkeit und Geschäftssinn, von Gebetsübung und wirtschaftlicher Aktivität nicht als eine scheinheilige, religiös bemäntelte Jagd nach dem Mammon deuten, weil dieser Arbeit unabhängig von ihrem pekuniären Ertrag eine im Hinblick auf einen gottgewollten Heilsplan zweckfreie Weihe anhaftet. Das Schaffen der Reformierten empfing durch Calvins Heiligsprechung der Arbeit ihren anspornenden Impuls; für sie wurde die Arbeit zur bürgerlichen Kardinaltugend erhöht, als eine Schule der Zucht und Disziplin, als ein Exerzitium der Charakterbildung.

Calvins Auffassung der Arbeit als höchste Form einer Bestätigung und Betätigung des Glaubens und als aktiver Beitrag zur Überwindung der Armut und des Elends brachte ihn auch in Widerstreit zu dem katholischen mönchischen Begriff der Armut, dem seit Franz von Assisi der Nimbus eines Gnadenstandes und des Erwähltseins anhaftete. Hart und schroff richtete sich seine Polemik auch gegen die bisherigen Äußerungen der Barmherzigkeit durch Almosenspenden. Er brandmarkte den Bettel und meinte damit nicht nur den Bettler am Straßenrand, sondern alle Typen müßiggängerischer Nutznießer. Nur die karitative Fürsorge für Kranke, Invaliden und schuldlos in Not Geratene nahm er aus.

In Frankfurt stieß Calvin jedoch auch in den eigenen Reihen der Evangelischen auf Widerstand. Die Spannungen zwischen den einheimischen und zugezogenen Gewerbetreibenden waren Wasser auf die Mühle der orthodoxen lutherischen Geistlichen vom Schlage eines Hartmann Beyer, der im Bunde mit den Zünften die Calvinisten als Störenfriede diffamierte und sie sogar eines Paktes mit Wiedertäufern und rebellischen Schwarmgeistern beschuldigte. Sogar Luther distanzierte sich in einem Schreiben an den Rat der Stadt gegen diese fanatisch radikalen Angriffe: „Was dahier wächst, ist noch zu unreif und eitel Neuling." Doch die konfessionellen Gegensätze verschärften sich, so daß Calvin im September 1556 nach Frankfurt reiste, wo er im Hause Claus Bromms auf der Zeil wohnte. Mehrmals predigte er in der Weißfrauenkirche und suchte den Streit besonders über das Abendmahl zwischen den französischen Flüchtlingsgemeinden und den lutherischen Prädikanten zu schlichten. Aber der Versuch mißlang. Calvin eignete dem Rat damals seine Schrift „Harmonia in res evangelistas" zu und erhielt ein Geschenk von vierzig Goldgulden dafür. Der Rat neigte schon im Interesse der gedeihlichen Entwicklung der Stadt zur Toleranz. Auch Melanchthon, als Vertrauensmann des Rates ein auf Nachgiebigkeit und Eintracht hinwirkender Mittler, wurde zu einem Fürsprecher der Reformierten und beschwor bei einer Mahlzeit im Hause Claus Bromms im Jahr 1557 den lutherischen Pastor Hartmann Beyer, den Haß gegen die beklagenswerten Vertriebenen einzustellen und das Wohlwollen des Rates zum Vorbild zu nehmen. Aber die Klagen der Zünfte, daß die — etwa zweitausend — zugezogenen „Welschen" „viel Unrichtigkeiten" einführten, sich über die Zunftvorschriften hinwegsetzten, die bis dahin in Frankfurt noch unbekannte Seidenweberei, das Blaufärben und die Diamant- und Rubinschleiferei betrieben und gar Kredit gewährten und Zins nahmen, beides von den Lutheranern verpönt, gaben den Orthodoxen neuen Auftrieb. Sie brachten es dahin, daß den Calvinisten die Benutzung der Weißfrauenkirche entzogen wurde und sie für ihre Gottesdienste in eine baufällige Scheune in der Alten Mainzer Gasse verwiesen wurden. Als nach der Besetzung Antwerpens durch die Spanier 1585 ein weiterer verstärkter Zuzug von Calvinisten und Reformierten nach Frankfurt erfolgte, fanden die von der Geistlichkeit bedrängten Emigranten nur in dem zu Hanau gehörigen Bockenheim ihre Andachtsstätten. Viele von ihnen ließen sich dauernd in Hanau, Offenbach und Neu-Isenburg, auch in Dornholzhausen bei Bad Homburg und in Friedrichsdorf nieder, wo sie als gute und pünktliche Steuerzahler willkommen waren. Den Frankfurter Glaubensbrüdern blieben sie immer in Treue verbunden. Auch Lutheraner waren der spanischen Inquisition in Antwerpen entkommen; im Ganzen umfaßte diese Einwanderung nach Frankfurt als sicherer Reichsstadt am Ende des 16. Jahrhunderts etwa sechstausend Lutheraner und Calvinisten, unter ihnen die Familien de Bary, de Neufville, Gontard, Passavant, Malaparte, Lejeune und Mouson. Durch sie fiel Frankfurt — gleichzeitig mit Hamburg und Amsterdam — die Erbschaft der Antwerpener Metropole des Handels zu. Der schon bedeutende Warenumschlag und Zahlungsverkehr während der Messen nahm noch zu, und während anderwärts zu Beginn des Dreißigjährigen Krieges Handel und Gewerbe am Rande des Ruins standen, verhalfen die zugezogenen tüchtigen Bank- und Geschäftsleute im Verein mit den handelsgeübten Frankfurtern der Reichsstadt zu ungeahntem Aufschwung und Wohlstand.

Schon Luther hatte die Frankfurter Messen das „Silber- und Goldloch" genannt, in das aus „allen deutschen

Landen alles quillt, fließt und wächst, was gemünzt und geschlagen wird". Inzwischen war die Masse der Münzsorten so unübersehbar geworden, daß sie den Abschluß von Geschäften erschwerte. Um diesem chaotischen Zustand des Geldwesens abzuhelfen, griffen sechs Frankfurter Niederländer während der Herbstmesse 1585 unter Assistenz von 78 anderen Großkaufleuten zur Selbsthilfe durch eine Einigung über den Wert der verschiedenen Geldsorten und durch Festlegung der Wechselkurse. Damit begann Frankfurts Entwicklung zum dominierenden Börsenplatz und Kapitalmarkt im deutschen Binnenland. Seit 1585 hielten die Bankiers vor dem Haus Löwenstein regelmäßig Börse, bis diese ein Jahrhundert später in das 1694 umgebaute Haus zum Braunfels am Liebfrauenberg übersiedelte. In beiden Häusern hatten die niederländischen Calvinisten lange die Majorität im Börsenvorstand. Sie hatten ansehnliche Häuser in der Mainzer Gasse, am Korn- und Roßmarkt; der Renaissancebau der „Goldenen Waage" gehörte dem Gewürzhändler Abraham von Hamel; im „Roten Haus" residierte der Seidenhändler Robert de Neufville, und der Goldschmied von Hinsberg am Großen Hirschgraben war der Besitzer des nachmaligen Goethehauses. Sie waren königliche Kaufleute, reicher als mancher Patrizier und dabei doch nur geduldete Fremdlinge; Beisassen ohne Bürgerrecht, ohne Zulassung zu öffentlichen Ämtern, Rankünen preisgegeben, so daß man, wenn sie sonntags nach Bockenheim zur Kirche fuhren, das Rattern ihrer Wagenräder auf dem holprigen Straßenpflaster als eine beabsichtigte provokante Störung des lutherischen Gottesdienstes in der Katharinenkirche mißdeutete.

Denn bis 1687 war den Reformierten in Frankfurt der Bau einer eigenen Kirche verwehrt. Schon 1650 hatten sich die Deutsch-Reformierten zu einer eigenen Glaubensgemeinschaft zusammengeschlossen, 1685 folgten die Französisch-Reformierten ihrem Beispiel durch Begründung einer eigenen Gemeinde, die heute noch besteht. Aber als Minderberechtigte mußten sie damals durch volle 57 Jahre ihre Gottesdienste im Hanauischen Bockenheim abhalten. Erst in der Epoche der Aufklärung und seit dem von Joseph II. erlassenen Toleranzedikt wurden den Reformierten in Frankfurt eigene Andachtsstätten bewilligt, „Bethäuser" ohne Glocken und Türme zur Abhaltung privater Gottesdienste, ohne das Recht zur Vornahme von Trauungen und Taufen, die das Reservat der offiziell anerkannten Lutheraner blieben. Vorbildlich für die Bereitschaft zur Versöhnlichkeit war das Verhalten des Seniors Fresenius, der, obwohl auch er den Reformierten Beschränkungen aufzuerlegen versuchte, als Leiter des Frankfurter lutherischen Kirchenministeriums den Mut hatte, Goethes Eltern im Hause des calvinistischen Barons Johann Michael von Loën zu trauen.

Erst durch den von Napoleon in Frankfurt eingesetzten fortschrittlich gesonnenen Fürstprimas Carl Theodor von Dalberg erhielten die Frankfurter Reformierten zu Weihnachten 1806 die Gleichberechtigung und die Genehmigung zur Abhaltung öffentlicher Gottesdienste, ein Zugeständnis, das die Deutsch-Reformierten durch eine Abgabe von dreitausend Goldgulden an das lutherische Predigerministerium erkaufen mußten. Damit erhielten sie auch das Recht zur Einrichtung eigener Schulen, die sie seit langem erstrebt hatten.

Es hat also nach Calvins Schlichtungsversuch im September 1556 noch genau 250 Jahre gedauert, bis eine Einigung zwischen den reformierten und lutherischen Evangelischen in Frankfurt zustandekam.

Dürers „Mariä Himmelfahrt“, einst eine Frankfurter Kostbarkeit

Der Frankfurter Tuchgroßhändler, Kunstmäzen und mehrmalige Bürgermeister Jakob Heller, mit dem das Geschlecht in vierter Generation 1522 ausstarb, hat das Verdienst, Frankfurt im 16. Jahrhundert mit einem der berühmtesten Gemälde Dürers beschenkt zu haben: Mariä Himmelfahrt und Krönung für die Kirche des Frankfurter Dominikanerklosters, wo es 105 Jahr — von 1509 bis 1614 — seinen Platz als Mittelbild des Thomas-Altars über der Grabstätte des Stifters hatte.

Heller, der sich um seine Vaterstadt als Diplomat, Politiker und Spezialist für Verwaltungsfragen verdient gemacht hat, ein persönlicher Freund Kaiser Maximilians, der 1517 bei seinem letzten Besuch in Frankfurt als Hellers Gast im „Nürnberger Hof“ wohnte, gehörte nach dem Urteil des Kunsthistorikers Hermann Dechent zu jenen Laien, die, unbekümmert um die ersten Sturmzeichen der reformatorischen Zeitenwende, aus wahrer Herzensfrömmigkeit an ihrem alten Glauben festhielten. Aus Sorge um sein und seiner Gattin Katharina von Melem's Seelenheil sowie um dasjenige ihrer beiderseitigen Verwandten hat er die drei Frankfurter Stifte und auswärtige Kirchen und Klöster mit ansehnlichen Vermächtnissen bedacht. Er besaß aber auch einen scharf kalkulierenden Geschäftssinn, der als Gegenleistung für seine Schenkungen eine pünktliche Zelebrierung der vereinbarten Sing- oder Lesemessen für sein Seelenheil verlangte. In der Überzeugung, daß hierin die Dominikaner am gewissenhaftesten verfahren würden, bevorzugte er diesen Orden mit Legaten in Höhe von vierhundert Gulden (im Wert von nahezu fünfzehntausend Goldmark), wofür er in Chroniken als ein „Singularis Benefactor" gepriesen wurde. Schon zu Lebzeiten seiner Frau hatte er sich im nördlichen Kirchenschiff der Dominikaner eine Grabstätte ausgesucht, über der der Thomas-Altar als ein für ihn errichtetes Monument an künstlerischem Schmuck alle Altäre übertreffen sollte.

Daher reiste Jakob Heller unmittelbar nach Dürers Heimkehr von seiner zweiten Italienreise im Jahre 1507 nach Nürnberg und erteilte ihm den Auftrag für das Hauptgemälde eines zweiflügeligen Altars mit dem imposanten Höhenmaß von 1,89 Meter und 1,39 Meter Breite. Dürer malte das Bild in den Jahren 1507–1509. Man sieht die Madonna mit demutsvoll gefalteten Händen, den Blick zur Erde gerichtet, von Engeln geleitet ihrem Sarg gegen den Himmel entschweben, wo Gottvater und Christus die Krone für sie bereithalten. Am Ufer eines sich im Mittelgrund durch eine idyllische Landschaft schlängelnden Flusses hat sich Dürer in miniaturer Gestalt porträtiert: mit seiner linken Hand auf eine Tafel gestützt, wo über seinem Monogramm mit der Jahreszahl 1509 eine Inschrift besagt: „Albertus Dürer Alemannus faciebat post Virginis Partu."

Wie Dürer in einem Brief an Heller versichert, hat er sein Marienbildnis „mit allergrößtem Fleiß" geschaffen.

Albrecht Dürers „Mariä Himmelfahrt“,
Jakob Hellers Geschenk an Frankfurt
1509 bis 1644 im Dominikanerkloster

Von dieser Sorgfalt zeugen heute noch in der Wiener Albertina die mit Tusche kolorierten Studienblätter für die Gestalten der elf Apostel, die um den leeren Sarg gruppiert sind. Bei dem im rechten Eck knieenden barfüßigen Apostel sind Ferse, Füße und Sohlen anatomisch so genau, daß auswärtige Maler für die Erlaubnis, sie zu kopieren, hohe Summen zahlen wollten. Sie wurden aber von den Dominikanern mit der gleichen Entschiedenheit abgelehnt wie die Unterhändler Kaiser Rudolfs II., der das Gemälde für zehntausend Gulden für seine Prager Galerie erwerben wollte. Das Werk, das von Sandrart und dem Holländer Carel van Mander wegen seiner Komposition und seines koloristischen Zaubers als unvergleichlich gepriesen wurde, galt auch bei Protestanten als die größte Sehenswürdigkeit Frankfurts.

105 Jahre war diese Anziehungskraft unvermindert geblieben, als der Konvent der Mönche durch ein aus München vom 16. September 1614 datiertes Schreiben des Herzogs Maximilian I. von Bayern zu seinem Erstaunen erfuhr, daß dieser zum Lobe Gottes und der Madonna sowie aus Sympathie für die Dominikaner beabsichtigte, ihrem Kloster „für ewige Zeiten“ eine jährliche, an jedem Michaelistage in Augsburg zahlbare Rente von vierhundert rheinischen Talern auszusetzen. Als bescheidene Gegenleistung erbat der Herzog die Lesung einer täglichen Messe für sein Seelenheil und nach seinem Tode Fürbitten durch ewige Messen. Gerührt und beglückt über solch großherzige Huld eines auswärtigen Fürsten, aber viel zu arglos und weltfremd, als daß sie hinter dieser Maske etwas Verdächtiges zu wittern vermochten, ahnten die Mönche nicht, daß sie es mit einem Kunstsammler zu tun

hatten, der durch skrupellose Methoden seinen Kunstbesitz vermehren wollte. Schon nach der ersten pünktlich erfolgten Rentenzahlung deckte Maximilian seine Karten auf durch das Ersuchen um Überlassung von Dürers Mariengemälde, von dem er als Ersatz für den Thomas-Altar auf seine Kosten eine Kopie von dem als hochtalentiert geltenden Nürnberger Maler Jobst Harrich zu beschaffen versprach.

Da der damalige Prior Johannes Kochlerus in Kunstdingen ein Laie war, dem eine Kopie genausoviel wert war wie ein Dürersches Original, da er außerdem eigenmächtig ohne Einwilligung seiner Mönche dem Angebot zustimmte, kam dieser fatale Tauschhandel zustande. Hinsichtlich der für „ewige Zeiten" zugesagten Rente hatte sich der Prior jedoch gründlich verspekuliert. Denn seitdem das Marienbild sich in der Münchener Residenz befand, erfolgten die vereinbarten Zahlungen stockend und nur in Raten, meist erst nach schriftlichen Anmahnungen und Beschwerden bei der herzoglichen Kanzlei. Als Dürers Schöpfung nach abermals hundert Jahren am 14. Dezember 1729 bei einem Brande in der herzoglichen Residenz vernichtet wurde, fühlte man sich dort nicht mehr an den Kontrakt mit den Frankfurter Dominikanern gebunden und verbat sich kategorisch jede weitere Belästigung wegen der „ewigen Rente". Trotzdem haben die Dominikaner noch bis 1791 die ausbedungenen Messen für das Seelenheil der Angehörigen des bayerischen Herzoghauses zelebrieren lassen.

Der Nachwelt verbleibt von Dürers Wunderwerk nur die Kopie Jobst Harrich's (1580—1617), mit dem allerdings die beste Wahl getroffen worden war, denn er galt als ein mit allen Finessen der Dürerschen Malweise vertrauter Spezialist. Von dem Geist und Zauber des Originals zeigt seine im Historischen Museum befindliche Kopie namentlich seit ihrer Säuberung und Restaurierung im Jahre 1957 unverkennbare Spuren.

Die Dominikaner haben diese Kopie von 1614 offenbar zu schätzen gewußt, denn drei Jahre später erteilten sie dem Maler Jobst Harrich den Auftrag für eine Kopie von Dürers Christi-Geburts-Bild vom Baumgärtner-Altar, das sich jetzt in der Münchner Pinakothek befindet. Diese ebenfalls virtuose Kopie, die Harrich wenige Monate vor seinem Tode schuf, wird gleichfalls im Historischen Museum verwahrt.

Henri Estienne's Lobschrift auf die Frankfurter Buchmesse

Schon gegen Ende des 15. Jahrhunderts war die Stadt am Main im Schnittpunkt der Handelsstraßen zweimal im Jahr, zu Ostern und an Michaelis, Treffpunkt des deutschen und bald auch des gesamteuropäischen Buchhandels. Auf Planwagen brachten die Bucherzeuger die Druckbogen ihrer Novitäten in Fässer eingeschlagen mit und trafen sich in der Buchgasse und den angrenzenden Straßen Frankfurts mit den gelehrten Autoren ihrer Bücher, mit Holzschneidern und Kupferstechern, die sich als Illustratoren empfahlen, und mit den Verfertigern von Papier und Ledereinbänden. Sie kamen aus Antwerpen und Rotterdam, aus London, Oxford und Cambridge, Venedig und Padua, aus Böhmen und Polen und aus Nürnberg, Augsburg, Leipzig, Heidelberg und Wittenberg. Die Fakultäten aller Universitäten waren auf den Buchmessen vertreten: als einer der ersten illustren Gäste kam 1469 der Rektor der Sorbonne, Johannes a Lapida, der im nächsten Jahr auf dem Gelände seiner Universität die erste Druckpresse in Paris durch drei deutsche Drucker aufstellen ließ. — In der Frankfurter Buchgasse nahmen geistliche Würdenträger Einblick in die Streitschriften zwischen Humanisten und Theologen, gefolgt von einem ganzen Schwarm junger Magister und Scholaren. Auch Reuchlin, Hutten, Erasmus von Rotterdam und Melanchthon fanden sich zeitweilig zu Diskussionen in der Buchgasse ein, die fast das Gepräge eines europäischen Gelehrtenkongresses erhielt und daher als „das Frankfurter Athen“ von einem der gelehrtesten Buchdrucker des 16. Jahrhunderts gepriesen wurde: von dem Franzosen Henri Estienne in seiner lateinischen Lobschrift von 1574 auf „Die Frankfurter Messe“ an den „Senat der berühmten Stadt Frankfurt“.

Der Verfasser, Henri II. Estienne (1528–1598), der seinen Namen als Henricus Stephanus latinisierte, war der Enkel des Pariser Begründers Henri I. der Drucker-Dynastie Estienne und gehörte mit seinem Vater Robert zu den geistig bedeutendsten Mitgliedern dieser einzigartigen Drucker-Gelehrten-Familie, die durch fast zwei Jahrhunderte den Ruhm ihrer Familientradition vom Vater auf den Sohn übertrug. Als der Calvinist Robert Estienne 1547 nach dem Tode des ihm wohlgesonnenen, die Macht des gedruckten Wortes erkennenden Königs Franz I. keinen Schutz mehr gegen die katholischen Theologen der Sorbonne genoß, begründete er 1550 in Genf eine neue Druckerei, während sein Bruder Charles die Firma in Paris weiterführte. Roberts Sohn Henri II. Estienne blieb bei dem Vater in Genf, gab vor- und frühchristliche Klassiker heraus und schrieb selbst ein noch heute gültiges Standardwerk über den „Wortschatz der griechischen Sprache“ (1572). Für die Überwindung geschäftlicher Schwierigkeiten hatte ihm vorher der Augsburger Ulrich Fugger durch mehrere Jahre hindurch geholfen, so daß er sich bis 1568 sogar als dessen Drucker bezeichnete, Durch diese Verbindung vertieften sich seine persönlichen Beziehungen zu Deutschland, und er wurde zu einem regelmäßigen Besucher der Frankfurter Buchmesse. Als weitgereister Mann waren ihm Vergleiche mit den Messen anderer Länder möglich, und er konnte in seiner Lobschrift überzeugend darlegen, daß keine andere Stadt so lebendig, so gastfrei und so bemüht um Aufenthalts- und Zollerleichterungen für ihre Messebesucher sei wie Frankfurt. Denn er schilderte den gesamten Handelsmarkt der Stadt mit dem „Füllhorn der Gaben“, die über den Main und über Land an sie herankamen: „Will jemand eine Stadt — so schreibt er — mit allen für Friedenszeiten geeigneten Waren aufs reichste und vollständigste ausstatten, so braucht er nur nach Frankfurt zu gehen.“ Er nennt diesen Teil der Messe, die Warenmesse, daher auch die „Messe Merkurs“, die zu seinem Kummer allerdings auch jegliches Zubehör für die Ausrüstung ganzer Heere bietet. Köstlich preist er die „Masse westfälischer Schinken“, mit denen man „allein schon ein ganzes Heer viele Monate hindurch ernähren könnte“ und die Unzahl der Pferde in den Stallungen am Roßmarkt, „daß man wohl meinen könnte, die ganze deutsche Pferdezucht sei hier an einem Orte zusammengebracht".

Der „Messe Merkurs" stellt er im zweiten Teil seiner Lobschrift die Buchmesse als „Messe der Musen" gegenüber, die er noch besser als „Akademie der Musen in Messeform" bezeichnen möchte. „Denn die Musen rufen zu der Messe ihre Buchdrucker und Buchhändler alle gleichzeitig nach Frankfurt hin und heißen sie die Dichter, Redner, Geschichtsschreiber und Philosophen mit sich bringen." Das erinnert Estienne an das Athen des Sokrates und Plato. Daher preist er Frankfurt immer wieder als eine „attische Messe", auf der man sich ganze Bibliotheken verschaffen könne. Da man aber außerdem auf der Buchmesse die Schriftsteller selbst sehen und hören kann, „bietet diese Akademie in Messeform einen Gewinn, der sich aus keiner Bibliothek erzielen läßt".

In der Tat fällt die Glanzzeit der Frankfurter Buchmesse in das 16. Jahrhundert und währte bis etwa 1650. Von 1564 an gab der Augsburger Buchhändler Georg Willer regelmäßig halbjährlich Kataloge über alle auf der Frankfurter Messe erhältlichen Bücher heraus, in denen man den Ursprung der heutigen Bibliographien sehen kann. Nach Willers Tode übernahm der Rat der Stadt sie als eigene offizielle Messekataloge, die sich bis zur letzten Frankfurter Buchmesse im Jahre 1750 hielten. Ihr Inhalt wurde zwar immer knapper, denn schon von der Mitte des 17. Jahrhunderts an bevorzugten die Buchhändler Leipzig als Treffpunkt, um der kaiserlichen Zensur zu entgehen, der Frankfurt als Reichsstadt unterlag. Damit endete die von Estienne gepriesene Toleranz, denn ihm lag an der Völkerverständigung im Geiste des Humanismus.

Im Schluß seiner Lobschrift bringt er deutlich diese Sehnsucht nach dem Weltfrieden zum Ausdruck: er schildert, wie er auf der Rückreise von Frankfurt 1573 in Worms nebeneinander zwei Läden gesehen habe, den eines Buchhändlers neben einem Schwertfeger: „Haus an Haus mit den Musen hat Mars hier Wohnung genommen“, und er hofft nun, sogar in Versen, daß der Kriegsgott seinen Sinn zum Frieden gewandelt habe und sich darum den Musen als Nachbar gesellt.

Dreihundert Jahre später — 1875 — hat der französische Verleger Isidore Liseux seinem Landsmann Henri Estienne dadurch gehuldigt, daß er dessen lateinische Lobschrift mit einem gegenüberstehenden französischen Text herausgab und sie in seinem Sinne der Völkerverständigung nach dem deutsch-französischen Kriege von 1870/71 Leopold Sonnemann widmete, als dem Leiter der „Frankfurter Zeitung“, die „als einzige deutsche Zeitung nach der Kapitulation von Sedan laut den Frieden verlangt hat“.

Die Rettung der heiligen Dreikönigs-Reliquien durch einen Frankfurter Domherrn

Die Dreikönigs-Reliquien — der Sage nach von Kaiser Konstantins Mutter Helena in Bleisärgen in einer Felsenhöhle entdeckt, auf des Kaisers Geheiß als Weihegeschenk nach Mailand überführt und hier durch 800 Jahre das Ziel von Pilgern aus allen Reichen des Abendlandes — waren von Barbarossa nach seiner Eroberung Mailands 1162 dem Kölner Erzbischof Reinald von Dassel als höchste Gunstbezeugung für dessen Dienste als Feldherr und Staatsmann zur Überführung in die Kölner Peterskirche überlassen worden.

Als Reinald im Juni 1162 mit den Heiligtümern die Reise angetreten und die Alpen am Mont Cenis überschritten hatte, erfuhr er, daß seine und des Kaisers Gegner Böses gegen ihn im Schilde führten. Anstatt sich auf den direkten Weg nach Köln zu begeben, mußte er auf linksrheinisches Gebiet nach Burgund und Lothringen ausweichen. Von dort erschien ihm der Weg durch das Herzogtum Schwaben weniger bedrohlich. In den Städten, in denen er und sein Gefolge über Nacht rasteten, so in Augsburg, Bamberg, Schwäbisch Gmünd, bildeten sich Zentren der Dreikönigsverehrung, woran noch heute die Namen der Gasthäuser erinnern wie „Zu den Dreikönigen“, „Zum Mohren“, „Zum Stern“. Auch Frankfurt und Mainz gehörten zu Reinalds Raststätten, wo Schiffe bereitlagen, die die Expedition nach ihren mühseligen dreizehnmonatigen Wanderfahrten am 23. Juli 1163 an ihr Ziel führten. Hier fanden die Gebeine der Heiligen aus dem Orient im Jahre 1248 ihre Ruhestätte in einem kostbaren Schrein in Form einer dreischiffigen Basilika von 180 cm Länge und 170 cm Höhe, einem Meisterwerk der Goldschmiedekunst des Nikolaus von Verdun. Edelsteine und emaillierte Ornamente, thronende Propheten und Apostel, Bildwerke aus dem Leben Christi schmückten diesen Schrein. Damit wurde Köln nächst Jerusalem und Rom die meistbesuchte Wallfahrtsstätte des Abendlandes.

Von Köln und Mainz übertrug sich dieser Kult auf Frankfurt, in dessen Dom den Dreikönigen anno 1310 ein Altar geweiht wurde. Auch der Name der damals am

Eck von der Zeil gegenüber vom Wolfseck errichteten „Herberge zu den Dreikönigen" deutet an, daß die drei Heiligen auch über ihren Feiertag des 6. Januar hinaus während des ganzen Jahres als Schutzpatrone von Reisenden verehrt wurden.

Zu einem imposanten Zeugnis für die Frankfurter Dreikönigsverehrung wurde das um 1420 von der Frankfurter Domhütte unter der Leitung von Madern Gertener für das Tympanon des Südportals der Liebfrauenkirche geschaffene Relief von der „Anbetung". In Sachsenhausen war schon im Jahre 1338 eine den Dreikönigen geweihte, später zu einer Kirche erweiterte Kapelle erbaut worden, aus der jedoch, als die Sachsenhäuser Gemeinde sich 1531 zur Reformation bekannte, alle an den katholischen Gottesdienst erinnernden Bilder und Geräte entfernt wurden, so daß nur der Name der Sachsenhäuser Dreikönigskirche verblieb, der auch auf den Neubau im Jahre 1881 übertragen wurde.

Dem Schrein der Heiligen Dreikönige selbst war unterdessen in Köln eine jahrhundertelange Ruhe gegönnt, doch war seine Odyssee noch nicht zu Ende. Als 1794 Soldaten der französischen Revolutionsarmee im Kölner Dom am Eingang zur Marienkapelle an dem imposanten Grabmal Reinald von Dassels — der die Gebeine vor 600 Jahren dahingebracht hatte — dessen Statue mitsamt vier Engelsfiguren zusammengeschlagen und zur Einschmelzung an einen Althändler verschachert hatten, sorgte das Generalvikariat des Doms für eine rechtzeitige Evakuierung des Dreikönigsschreines. Zusammen mit dem ganzen Inventar der Schatzkammer des Doms wurde er in Kisten und Verschlägen nach Arnsberg gebracht, der

Hauptstadt des zu Kur-Köln gehörenden Teils von Westfalen. Hier waren die insgesamt 200 Kisten des Domschatzes sieben Jahre lang jedem räuberischen Zugriff entzogen. Als aber im Frieden von Lunéville 1801 das linke Rheinufer von den Franzosen annektiert und die bisher dort begüterten Fürsten mit rechtsrheinischen Ländereien aus geistlichem Besitz entschädigt wurden, gelangte die Grafschaft Arnsberg an den Landgrafen Ludwig den Zehnten von Hessen-Darmstadt, und der Domschatz war von neuem gefährdet. Das Kölner Domkapitel hatte daher schon zwei Monate vor der offiziellen Machtübernahme durch den Hessen-Darmstädter Landgrafen im August 1802 seinen gesamten Schatz nach verschiedenen Richtungen hin, sogar bis nach Prag, ausgelagert. Für den kostbaren Dreikönigsschrein dünkte ihn Frankfurt als neutrale Freie Reichsstadt der sicherste Ort, und er wurde daher, in Einzelteile zerlegt, in sechzehn Kisten zu dem Frankfurter Domherrn Stephan Franz Molinari befördert.

Den Inhalt von fünf dieser Kisten hatte Molinari auf Anweisung eines apostolischen Notars und im Einverständnis mit dem Kölner Domkapitel an den Frankfurter Silberhändler Schott veräußert, um mit dem dafür beim Bankhaus eingezahlten Erlös von 14790 Gulden der bittersten Notlage der in Köln zurückgebliebenen Beamten und Bediensteten des Domkapitels abzuhelfen, die seit Jahren kein Gehalt bezogen hatten. Die elf übrigen Kisten glaubte man bei Molinari in sicherer Obhut.

Doch schon am 15. Dezember 1802 tauchte in Frankfurt plötzlich eine Arnsberger Kommission unter Führung eines Referendars Zimmermann auf, um beim Magistrat die Beschlagnahme und Auslieferung der elf Kisten zu veranlassen. Molinari ließ sich durch eine angebliche Reise verleugnen, und auch seine Dienerschaft nahm von einer amtlichen Vorladung zum Römer keine Notiz. Als zwei Tage nach Weihnachten ein pöbelhaftes Gesindel Molinaris Haustür in der Kruggasse aufzubrechen versuchte und laut randalierte, bot dieser „wilde Straßenlärm“ dem Bürgermeister Dr. Johann Wilhelm Metzler als Hüter der öffentlichen Ordnung willkommenen Anlaß zur Beschlagnahme der elf Kisten, die unter städtischem Siegel zum Römer transportiert wurden, während er Molinaris Amtssitz unter Obhut einer Polizeiwache stellte.

Auf diesen Moment hatte Hirsinger, der in Frankfurt akkreditierte Resident der französischen Republik, gewartet, um mit einem energischen Protest gegen die Beschlagnahme und gegen die ungesetzlichen Requisitionsforderungen der Darmstädter Behörde dem Bürgermeister Metzler zu erklären, daß es sich bei den elf Kisten um Fluchtgut handele, um das Eigentum des unter dem Schutz von Frankreich stehenden Kölner Doms. Hirsingers Argumente waren ausschließlich politischer Art; denn als ehemaliger Jakobiner und Atheist war er ohne eigene katholische Sympathien und handelte nur im Einvernehmen mit Instruktionen, die er vom Präfekten des Kölner Gouvernements und vom Pariser Departement des Auswärtigen empfangen hatte und obendrein im Einklang mit den von höchster Stelle, dem Ersten Konsul Bonaparte, erlassenen Direktiven, ein friedliches Einvernehmen zwischen Staat und Kirche wiederherzustellen.

Durch Hirsingers geharnischte Proteste kleinlaut geworden, ließ sich Bürgermeister Metzler zu loyalen Verhandlungen herbei und erklärte sich bereit, zwecks genauer Inventarisation der in den Kisten lagernden Kostbarkeiten deren Abschätzung durch einen Goldschmied vornehmen zu lassen. Als die Kisten unter Aufsicht von Hirsinger abermals versiegelt worden waren, wurden sie am 14. Januar 1803 in einem Gewölbe des Römers deponiert, jedoch nur bis zum Beginn der Frühjahrsmesse am 11. März, wo das Gewölbe für die Lagerung von auswärtigen Kaufmannsgütern geräumt werden mußte. Mit Ausnahme der Verschläge mit den Dreikönigsgebeinen, für die sich hinter dem Hochaltar des Frankfurter Doms ein gesicherter Platz fand, wurden die übrigen Reliquien in einem festen Gewölbe des Pfandhauses am Mainkai untergebracht.

Die Verbringung des Schatzes nach Köln verzögerte sich wegen abermals langwieriger und umständlicher Inventarkontrollen und Anfertigung von Listen um viele Monate. Hirsinger hatte sich außerdem als peinlich korrekter Beamter erboten, etwaige beim Transport von Arnsberg entstandenen Defekte an den elf Kisten und deren Verschlüssen auf eigene Kosten beseitigen zu lassen.

Als endlich gegen Ende des Jahres 1803 der Abtransport erfolgte und eine Kommission von Frankfurter Senatoren die Verladung jeder einzelnen Kiste auf das Mainzer Marktschiff überwacht hatte, fühlte sich der Magistrat, erleichtert aufatmend, befreit von dem Druck einer anderthalbjährigen Verantwortung.

Am 6. Januar, dem Festtag der Dreikönige, erstrahlten die Altäre des Kölner Doms im Schein ungezählter Kerzen. Abordnungen aus zwanzig Kölner Pfarreien mit Fahnen, Fackeln und Standarten, eine unabsehbare Menge von Gläubigen grüßten knieend den unter einem Baldachin getragenen Schrein, der der Stadt Köln 640 Jahre nach seiner ersten Überführung dorthin jetzt wiedergeschenkt worden war.

Blanchards Ballonaufstieg in Frankfurt am Main

Die Frankfurter Herbstmesse vom September 1785 hatte sich der französische Ballonfahrer Jean Pierre Blanchard als lukrative Einnahmequelle für seinen fünfzehnten Schauflug ausgewählt. Am 7. Januar desselben Jahres hatte er als erster Mensch den Ärmelkanal von Dover bis zu seiner Heimatstadt Calais überflogen und einige Wochen später die gleiche Strecke auch in umgekehrter Richtung in der Luft bewältigt. Während die Brüder Montgolfier, denen am 5. Juni 1783 die erste Ballonfahrt geglückt war, ihren Füllstoff höchst notdürftig aus verbranntem Papier und zerhackter Wolle gewannen, hatte Blanchard den von dem englischen Chemiker Cavendish entdeckten und zu einem Gas entwickelten Wasserstoff seinen Zwecken nutzbar gemacht.

In Frankfurt wußte man aus Zeitungen und vom Hörensagen Bescheid über diese Leistung Blanchards und wartete fieberhaft auf die erregende Sensation des „in ganz Deutschland noch nie gesehenen Schauspiels“. Als Blanchard auf Rat seines Managers und ständigen Begleiters, des französischen Dragonerrittmeisters Schweitzer, dem Rat der Reichsstadt im Römer seinen Vorschlag unterbreitete, lehnte er zwar die ihm zunächst angebotene „ansehnliche Ebene“ am Grindbrunnen ab, obwohl dort das von ihm benötigte Wasser bequem zur Hand gewesen wäre. Aber die Zugangswege waren ihm für den Durchschlupf von Zaungästen zu schwer kontrollierbar; dagegen setzte er sich für die Zulassung von Juden als Zuschauer ein in der Erwartung, daß sie den beträchtlichen Eintrittspreis von einem Karolyn (20 Goldmark) für die besten Plätze ohne weiteres bezahlen würden. Man einigte sich für den Ballonaufstieg auf der Bornheimer Heide und mit Rücksicht auf das Messegeschäft auf einen Sonntag, den 25. September.

Zahlreicher als zu irgendeiner Kaiserkrönung strömten die Zuschauer herbei, so daß auch in den umliegenden Dörfern jede Dachkammer und jedes Lager in den zu Massenquartieren hergerichteten Scheunen im Handumdrehen belegt waren. Durch die mit großem Gefolge erschienenen Metternichs, Ysenburgs, Hohenlohes und Solms', durch die Thurn und Taxis' sowie die hessischen Fürsten aus Bad Homburg und Darmstadt wurde Frankfurt zum Schauplatz eines Konvents höchster Herrschaften. Als jedoch der Sonntag anbrach, tobte ein derartiges Unwetter über der Stadt, daß der Sturm die Zelte auf der Bornheimer Heide umriß, die Umzäunungen demolierte und der Regen den Boden aufweichte, so daß die Veranstaltung „unter Verhoffung auf stillere Witterung" um zwei Tage verschoben wurde. Das Publikum hatte trotzdem seinen Spaß, denn der Intendant des Theaters, der rührige Großmann, Frau Rat Goethes guter Freund, der sich seit zwei Jahren für die Aufführung Schillerscher Dramen in Frankfurt einsetzte, wollte an diesem Sonntag im Anschluß an ein Singspiel seine Zuschauer mit einer „Krönungsfeier des Herrn Blanchard" überraschen.

Während sonst jede Art sonntäglicher Lustbarkeiten von der Frankfurter Geistlichkeit als abgöttischer Frevel gebrandmarkt wurde, ließ sie diesmal fünf gerade sein und erhob keinerlei Protest. So sah man denn an diesem Abend auf der Bühne einen illuminierten Luftballon vom Himmel herabschweben, in dessen Gondel der zwölfjährige Sohn des städtischen Musikdirektors Stegmann, als Blanchard maskiert, saß. Das Publikum begrüßte ihn mit Vivatrufen, und als dann noch nach einem Szenenwechsel vor einem Tempel zwei Sängerinnen, Arien singend, eine Blanchard-Büste mit Lorbeer bekränzten, gerieten die Zuschauer in hellste Begeisterung, obwohl es sich dabei nur um Vorschußlorbeeren handelte.

Denn auch am Dienstag fegten noch Regenböen über die Heide. Sie zerrten an den Halteseilen und erschwerten die Führung des sich aufbäumenden Ballons. Schon hatte der Erbprinz Ludwig von Hessen-Darmstadt, den das Abenteuer einer Luftfahrt lockte, ungeachtet der beschwörenden Bitten seiner Verwandten, davon abzulassen, in der Gondel Platz genommen. Doch kaum hatte Blanchard das Kommando zum Lichten der Anker gegeben, da vernahm man das Zischen und Brausen ausströmenden Gases, und durch eine Sturzbö eingerissen, lag die Ballonhülle zerknüllt am Boden.

Die enttäuschten Zuschauer, nahezu hunderttausend an der Zahl, bedrohten den entsetzten Piloten mit Steinwürfen und abgerissenen Latten. In dem panikartigen Tumult blieb nur der Herzog von Nassau Herr seiner Nerven und ließ den halb ohnmächtigen Blanchard unter dem Schutz von Militär in seiner Equipage in den Gasthof „Zum Goldenen Löwen“, sein Quartier, in Sicherheit bringen. Dort verfaßte dieser noch am gleichen Tage ein Protokoll, in dem der Darmstädter Erbprinz und der Herzog Karl von Saarbrücken durch ihre Unterschrift bezeugten, daß „ein schrecklicher Sturm, der den in herrlichstem Anblick sich zeigenden Ballon von oben bis unten zerriß", der Missetäter gewesen sei. Damit war ein Sensationsgerücht, nach dem das Unglück auf Sabotage angerichtet worden sei, widerlegt. Nicht ganz frei von Mitschuld waren auch die Frankfurter Behörden, die noch keine Erfahrungen in sportlichen Großveranstaltungen hatten und erst später auf den Gedanken kamen, den Ballon durch einen Bretterverschlag vor dem Sturm zu schützen.

Der Schaulust des Publikums hatte die zweimalige Enttäuschung keinen Abbruch getan. Denn am 3. Oktober waren schon seit Tagesanbruch Tausende auf der Bornheimer Heide versammelt. Aus Nordost wehte eine lebhafte Brise. Um niemand zu gefährden, wollte Blanchard allein aufsteigen. Da kein voller Ersatz für das verpuffte Gas zu beschaffen war, konnte der Ballon nur zu zwei Dritteln gefüllt werden. Aber um 10 Uhr 36 gelang der Start auf Anhieb. Schon nach drei Minuten schwebte das Fahrzeug in einer Höhe von 650 Metern. Blanchard, in himmelblauem Matrosenkostüm, der gleichen Farbe wie seine goldbesternte Gondelwand, balancierte in tanzmeisterlicher Pose auf dem Rand der Gondel und grüßte die jubelnden Zuschauer mit einer weißen Fahne. Um zu zeigen, daß auch der von ihm erfundene Fallschirm funktionierte, beförderte er beim Passieren der Bockenheimer Warte seinen Hund damit zur Erde. An dessen Halsband hing ein Brief mit der Bitte, den kleinen Liebling zart zu behandeln und ihn im „Goldenen Löwen" abzugeben.

Jean Pierre Blanchards Ballonaufstieg
auf der Bornheimer Heide bei Frankfurt am 3. Oktober 1785

Eine zeitgenössische Darstellung (vgl. Abb.) dieses Ballonstarts vom 3. Oktober 1785 zeigt den gerade über die schützende Bretterwand sich hebenden Ballon, an dessen Gondel der Fallschirm mit dem Hund hängt. Die Unterschrift lautet: „Mich, der durch Aeols Zonen hoch über Britanniens Meere mit Blanchard jüngst nach Frankreich flog, sieht Frankfurt nun in seiner Atmosphäre." — Nach dem Passieren von Bad Homburg, dessen Landgraf den Piloten mit einem Salut von drei Kanonenschüssen begrüßte, folgte der Ballon dem Profil der Taunusberge und nahm seinen Kurs auf das Lahntal. Als das Weilburger Schloß auftauchte, versuchte Blanchard auf einer Wiese zu landen. Aber in der Meinung, der Flieger säße fest, kam ein zwölfjähriger Junge angerannt und riß die Anker wieder aus der Erde heraus. Bei einem zweiten Landungsversuch wiederholte sich die Sache. Diesmal handelte es sich um einen Schäfer, dem Blanchard, wild gestikulierend, aus Leibeskräften zurief: „Laissez! Laissez!" Da aber der Schäfer kein Französisch verstand, ließ er sich nicht davon abhalten, die Anker hochzuziehen. Der Ballon schnellte wieder in die Höhe und trieb nach dem jenseitigen Ufer der Lahn, wo nun auf einer Wiese des Dorfes Kirchhofen die Landung nach einer Fahrt von 54 Minuten endlich reibungslos vonstatten ging.

Noch während der Flieger sein Fahrzeug an einer Weide befestigte, liefen als erste Gratulanten mit dem Bürgermeister die Ratsherren von Weilburg und viele Beamte aus dem Schloß des Herzogs von Nassau herbei. Beim Zusammenlegen der Hülle erwies sich der herzogliche Leutnant Textor, ein Verwandter von Goethes Mutter, als geschickter Helfer. Der Ballon blieb über Nacht unter militärischer Bewachung im Schloß, während der Pilot bei einem Bankett zu vierzig Gedecken stürmisch gefeiert wurde.

In einer vierspännigen herzoglichen Karosse begann am nächsten Morgen Blanchards triumphale Fahrt nach Frankfurt, die sechzehn Stunden dauerte, weil alle Straßen von Neugierigen wimmelten. Unterwegs war Aufenthalt im Schloß Braunfels, wo die Prinzessinnen von Solms sich voller Entzücken aus dem pompösen Federbusch von Blanchards grünlackiertem Hut Souvenirs herausrupften. — Von der Ekstase, in die ganz Frankfurt geriet, berichtet eine Pressenotiz, „daß seit Menschengedenken in Frankfurt keinem Sterblichen derart außerordentliche Ehren" zuteil geworden seien wie dem „fast vergötterten Flieger". Gleich nach seiner Ankunft mußte er noch abends um 10 Uhr im Theater sich von „allerliebsten, als Grazien kostümierten Aktrizen" huldigen lassen und sich hinterher bei einem Galadiner des russischen Gesandten Graf Romanzow im Schein von Fackeln auf dem Balkon zeigen, weil die Massen das Haus belagerten. Durch Herabwerfen von Geldstücken belohnte er seine Verehrer. Bei einem Empfang im Römer wurde er tags darauf selbst fürstlich belohnt durch eine Spende von fünfzig doppelten Golddukaten, die man zur Krönung Kaiser Josephs II. geprägt hatte. Außerdem ersetzte man dem Ehrengast sämtliche Auslagen und Unkosten.

Zu einem effektvollen Ausklang dieses fünftägigen Jubels und Trubels wartete Intendant Großmann mit einem neuen Festspiel auf: „Blanchard im Tempel des Ruhms." Diesmal bekränzten die Grazien nicht nur die Büste Blanchards, sondern den Abgott selbst: auf Apollos

Geheiß stürmten sie unter Trompetengeschmetter die große Mittelloge und setzten ihm eine Blumenkrone mit langen Girlanden aufs Haupt, so daß es ihn, „in Blumen eingebettet“, Mühe kostete, sich daraus wieder zu befreien. — An dieses glorreiche Gastspiel des ersten Ballonfahrers Blanchard in Frankfurt erinnert noch heute eine in Bockenheim nach ihm benannte Straße.

Blanchard selbst wurde auf dem Gipfel seines Ruhmes während seines 68. Aufstiegs im Februar 1808 in Paris von einem Schlaganfall ereilt. Aus einer Höhe von dreißig Metern stürzte er ab und siechte noch ein Jahr als gelähmter Invalide dahin. Bei seinem Ableben am 7. März 1809 stand seine von Gläubigern bedrängte dreißigjährige Frau vor einer Notlage, aus der sie sich nur durch Veranstaltungen eigener Schauflüge retten konnte.

Das nächste Jahr — 1810 — führte auch Madame Marie Madeleine Blanchard nach Frankfurt. Auch sie hatte sich die Herbstmesse mit ihrem internationalen Forum als Zeitpunkt ihres Aufstiegs ausgesucht. Als Reklame hatte sie ihren Ballon schon einige Tage vorher in der zu einem Magazin degradierten Barfüßerkirche (auf dem heutigen Paulsplatz) ausgestellt. Am 16. September startete sie im Garten des Postmeisters Klees auf dem Klapperfeld zu ihrer achtzehnten Luftfahrt abends um 7 Uhr; denn die Lieferung des Füllgases „Acides vitrolique“ hatte sich um mehrere Stunden verzögert. Das Gasquantum reichte auch dann noch nicht; aber um die ungeduldig werdenden Zuschauer nicht zu enttäuschen und einen Skandal zu vermeiden, wie es ihrem Mann auf der Bornheimer Heide geschehen war, ließ Madame Blanchard die Gondel abmontieren und knüpfte sich aus Seilen einen provisorischen Sitz, um auch bei reduzierter Gasmenge starten zu können. Auf dieser schwankenden Schaukel ohne jeden Seitenhalt riskierte sie den Aufstieg und überflog zweimal den Main. Dann wurde der Ballon zum Taunus hin abgetrieben, bis sie schließlich in völliger Finsternis bei Sturm und Hagel südöstlich von Camberg in einem Wald zwischen zwei Eichen landete. Bis auf die Haut durchnäßt irrte sie umher, bis sie gegen drei Uhr morgens nach Steinfischbach gelangte, wo sie beim Schultheißen sofort Hilfe fand, um ihr Fahrzeug zu bergen. Derartige Vorführungen von „Ballons de Nuit“ waren in Paris damals schon die große Mode, aber es handelte sich dort meist nur um kurze Flüge in unmittelbarer Nähe der Stadt. Einen nächtlichen Überlandflug hatte noch keiner riskiert; dieser Weltrekord war Madame Blanchard vorbehalten. Um auch diesen Ruhm zu feiern, war in Frankfurt ein Dichterling zur Stelle, dessen pathetische Ergüsse die „Herren Meßfremden ihren lieben Angehörigen als Neuigkeit aus Frankfurt mit nach Hause nehmen“ sollten. Etwas hausbacken-moralisch will diese „Allegorie“ dartun, daß „ein Weib, das Kenntnis sich erwirbt“, auch nach dem Tode ihres Mannes keinen Hunger zu leiden brauche. Madame Blanchard erlebte als berühmte Frau noch neun Jahre lang weitere Triumphe in Frankreich und Italien, bis auch sie das Ikarus-Sicksal ihres Gatten ereilte, eigenartigerweise gleichfalls bei ihrem 68. Flug, zu dem sie am 6. Juli 1819 bei Dunkelheit in einem im Glanz buntfarbiger Lampen erstrahlenden Ballon aus Paris aufgestiegen war. Dabei geriet ihr Fahrzeug in Brand, und die Gondel stürzte auf das Dach eines Hauses, wo man die irdischen Reste der ersten französischen Pilotin unter den Trümmern fand.

In Frankfurt war unterdessen das Interesse an Schauflügen nicht erloschen. Nach Blanchards sensationellem Aufstieg meldeten sich regelmäßig vor den beiden Jahresmessen deutsche Luftfahrer, die sich als „Mechanikus“ und „Physikus“ empfahlen und beteuerten, daß ihr Füllstoff für den Ballon unschädlich sei. Aber der Rat der Stadt blieb angesichts der vielen leicht entzündlichen Fachwerkhäuser und des noch rückständigen Feuerlöschwesens äußerst vorsichtig. Erst als der französische Physiker Professor Jean Baptiste Garnerin, der bereits erfolgreiche Schauflüge bei der Krönung Napoleons in Mailand und eine Flugpraxis von 38 Luftreisen vorweisen konnte, durch seinen Agenten, den Frankfurter Kaufmann Müller, für die Herbstmesse 1805 eine Konzession für Schauflüge beantragte, erhielt er sie für die Nachmittage des 12. und 15. September auf der Pfingstweide, dem Terrain des heutigen Zoo. Diesmal entsprachen die Maßnahmen zur Verkehrsregelung vollauf einer solchen Veranstaltung durch ein starkes Aufgebot von Militär und Polizei. Selbst die Bürgerwehr mußte durch die Straßen patrouillieren, um die verlassenen Häuser vor Einbrechern zu schützen. Für Pferde und Wagen war ein Standplatz eingerichtet, und die Nachtwächter und Türmer mußten ihre Posten beziehen. Bei schönstem Sonnenschein und günstigem Wind glückte Garnerins Aufstieg aufs beste, und er landete nach einem Flug von zwei Stunden in Neu-Isenburg. Gelegenheitsdichter verherrlichten den Flug, wie sie es bei Blanchard getan hatten und bedauerten, daß der Ballon nicht lenkbar sei.

Diese Frage der Lenkbarkeit eines Luftfahrzeuges war schon im Anschluß an Blanchards Aufstieg in einem Gothaer Magazin 1785 erörtert worden. Der ungenannte Autor schlug anstatt der kugelrunden Form des Ballons die langgestreckte Form eines „Luftfisches" vor mit weich gepolsterter Spitze, um den Druck des Windes abzumildern. Obwohl dieses Projekt niemals zur Ausführung kam, ist es immerhin interessant, daß als Autor des anonymen Aufsatzes der ehemalige Koadjutor von Mainz, der Mainzer Kurfürst und spätere Fürst-Primas und Großherzog von Frankfurt Carl Theodor von Dalberg festgestellt worden ist.

Markus Bolongaro, Tabakmagnat und Guldenmillionär

Auch Frau Rat Goethe hatte wie die meisten Frankfurter Damen ihrer Zeit eine goldene Dose für ein „Priesgen" Schnupftabak in ihrem Pompadour und ließ sich von dem aromatischen Pulver anregen, wenn sie auf Besuch ging oder ihre originellen Briefe schrieb. Der Handel mit Schnupf- und Rauchtabak blühte im 18. Jahrhundert und wurde auf dem europäischen Markt von dem aus Stresa am Lago Maggiore gebürtigen Joseph Maria Markus Bolongaro beherrscht, der zusammen mit seinen Brüdern Franz und Jakob Philipp einen einträglichen Großhandel mit dem Import von Tabak, Südweinen, Tee, Kaffee und Gewürzen betrieb, Filialen in Amsterdam und Antwerpen unterhielt und sich die Messestadt Frankfurt im Zentrum der für ihn wichtigen Handelsstraßen als Wohnsitz erkoren hatte. Zu seinem Kummer aber hatte der Frankfurter Rat trotz hoher Fürsprachen seine Gesuche um das

Bürgerrecht seit 1737 abgelehnt. Erst nach neunzehnjähriger Geduldsprobe bekam er die Zulassung als Beisasse, als der er gegenüber Vollbürgern immer noch benachteiligt war und zum Schutz seiner persönlichen Sicherheit eine beträchtliche Sondersteuer zahlen mußte. Aber nach außen hin trat er seither geltungsbedürftig auf, residierte wie ein Magnat in dem repräsentativen „Haus zum Wölffchen" in der Töngesgasse, die damals nächst der Zeil als Quartier des Hochadels und geistlicher Würdenträger galt und forderte dadurch nur neue finanzielle Schröpfungen von Seiten des Rates und Quertreibereien neidischer Konkurrenten heraus. Schon plante er, sich wieder nach Stresa zurückzuziehen, vorher aber, da er selbst ohne leibliche Nachkommen war, seinen Bruder Jakob und dessen beide Töchter zu Universalerben seines Vermögens einzusetzen, das auf mehr als zwei Millionen Gulden gediehen war. Da sein Bruder, gleichfalls nur Beisasse, als solcher beim Anfall des Erbes den zehnten Teil als Steuer an die Stadtkasse hätte abführen müssen, wollte er wenigstens ihm das Bürgerrecht erwirken. Der Rat aber, auf diesen „zehnten Pfennig" erpicht, lehnte rundweg ab.

Nun aber war Markus Bolongaro weit besser im Bilde, als die Juristen im Römer gedacht hatten; denn er wußte um ein von der Stadt Frankfurt mit dem Mainzer Kurstaat getroffenes Abkommen, wonach den beiderseitigen Untertanen bei ihrer Übersiedlung von einem Gebiet ins andere die Entrichtung der Zehntelsteuer erspart bleiben sollte. Diese Ausweichmöglichkeit war für die Brüder um so verlockender, als der aufgeklärte Erzbischof und Kurfürst Emmerich Josef von Mainz großes Interesse für industrielle Neugründungen zeigte und in dem seinem

Kurfürstentum angegliederten Alt-Höchst eine nach ihm benannte Emmerich-Josef-Stadt erstehen lassen wollte. Es sollte nicht nur eine Straßensiedlung wie unter den benachbarten Landesherren in Hanau und Offenbach werden, sondern eine Metropole von Handel und Industrie mit eigener Kommunalverwaltung. Als Stützen und Mitbegründer dieser neuen Stadt, der heutigen Höchster Neustadt, die damals seinen Namen erhielt, kamen ihm die Bolongaro-Millionäre wie gerufen. Er verlieh ihnen 1771 das Bürgerrecht, ernannte sie zu Kommerzienräten und gewährte ihnen das sonst nur dem Adel zustehende Ankaufsrecht von Freigütern. Für diese Auszeichnungen dankten die Brüder mit einer Stiftung von zehntausend Gulden, die dem Ausbau des Mainzer Domes zugutekamen. Als Gegenleistung förderte der Kurfürst den von Markus Bolongaro begonnenen Bau eines Palais in Höchst, indem er Steine aus der Ruine des Höchster Schlosses ohne Entgelt durch seine Fuhrwerke herbeischaffen ließ und für Bauholz aus dem Schwanheimer Forst des Mainzer Erzstiftes sorgte.

Diesen Barockpalast ließ Markus Bolongaro luxuriös ausstatten, mit höchster Eleganz in den Apartements, mit Festsälen und einer durch zwei Stockwerke reichenden Kirche. Leider sind keine Bilder dieser einstigen Pracht überliefert. Doch kann man in dem seit 1908 als Rathaus der Stadt Höchst verwandten Palais noch Reste hoher Geschmackskultur am Mitteltrakt und an den beiden vorgezogenen Seitenflügeln erkennen: die anmutige Gliederung der Fassaden, verschiedene Deckengemälde und ein imposantes Treppenhaus, an dessen Aufgängen die von dem böhmischen Schlossermeister Johannes Birlinger entworfenen Geländer als besonders schöne Kunstschmiedearbeiten gelten. Unversehrt erhalten geblieben ist auch der Zauber des in zwei Terrassen gegliederten Rokoko-Gartens mit dem Springbrunnen und einem Triton, der aus einem Muschelhorn Wasserstrahlen in die Luft bläst. Auf der Mauer der Terrasse, die einen weiten Blick über die Mainebene gewährt, sind steinerne Türkenknaben mit Musikinstrumenten postiert. In der Nische eines der beiden zierlichen Eckpavillons hatte Bolongaro eine überdimensionale Porträtbüste seines kurfürstlichen Gönners aufstellen lassen.

Da Emmerich Josef schon mit 67 Jahren im Juni 1774 starb, wird er kaum die für ihn eingerichteten Prunkräume des Schlosses zu Gesicht bekommen haben. Auch war die Realisierung seiner Baupläne für Emmerichstadt ins Stocken geraten. In Mainz fühlte man sich von Bolongaro, der dem Kurfürsten eine großzügige Beschäftigung Höchster Arbeiter und Handwerker in Aussicht gestellt hatte, enttäuscht, weil die Fabrik zur Verarbeitung von Schnupf- und Rauchtabak in Frankfurt belassen wurde, während von dem in Emmerichstadt verbliebenen Versandgeschäft für die kurfürstliche Kasse kein Profit abfiel.

Als Markus Bolongaro am 29. Mai 1779 starb, hatte er seinen Palast nur fünf Jahre bewohnt. Da ihm sein Bruder Jakob knapp ein Jahr später im Tode folgte, fiel das gesamte Familienvermögen in Höhe von annähernd 2½ Millionen Gulden an dessen beide Töchter, die Gattinnen der Italiener Anton Crevenna und Victor Simonetta, die laut testamentarischer Verfügung den Namen Bolongaro beibehielten. Als ihnen das kleinbürgerliche

Höchst ohne Geselligkeit und anregende Abwechslung nicht mehr zusagte, verlegten beide Familien ihren Wohnsitz nach Frankfurt, wo ihnen als guten Steuerzahlern das Bürgerrecht ohne Schwierigkeiten eingeräumt wurde. Während sich die Simonettas in dem feudalen Stammhaus „Zum Wölffchen" in der Töngesgasse niederließen, residierten die Crevennas vier Häuser davon entfernt im „Goldenen Engel". Diese hatten ihren Prokuristen Bertina mit der Vollmacht zur Verwaltung von Liegenschaften und zur Fortführung des Tabakhandels in der Emmerichstadt zurückgelassen. Dieser Bertina ist der Ahnherr der Frankfurter Karikaturistin Martha Bertina. Die Simonetta-Linie ist seit rund hundert Jahren erloschen, aber die Crevennas florieren noch jetzt. Ihr Nachkomme in gerader Linie ist der Frankfurter Fabrikant Bernhard Bolongaro-Crevenna, der in seinem Haus in der Guiollettstraße noch manche kostbaren Familiendokumente verwahrt.

Aus der Chronik der Frankfurter Bankiersfamilie Wertheimber

Schon der Wiener Stammvater der Familie Wertheimber, Samson Wertheimber, hatte Beziehungen zu Frankfurt, die sich aus seiner Verwandtschaft mit der durch kaiserliche Schutzbriefe protegierten Familie Samuels zum Straußen und durch die Heirat seiner Tochter Sara mit dem Frankfurter Rabbiner Moses zur Kanne ergaben. Im Jahre 1712 kaufte er ein Haus in der Judengasse, stiftete eine Akademie zur Ausbildung von Rabbinern, an der sein Schwiegersohn lehrte und schenkte 50000 Reichstaler für einen Neudruck des Babylonischen Talmud. Von der Frankfurter Judenschaft wurde er als Wohltäter und Mäzen verehrt.

Er selbst, geschäftlich mit den Heidelberger Oppenheims liiert, von denen zwei Söhne 1677 nach Wien übergesiedelt waren, war als Wiener Oberhoffaktor Persona gratissima bei den Kaisern Leopold I., Joseph I. und Karl VI. und von allen Abgaben und Steuern befreit. Denn er hatte für die Habsburger sämtliche Kosten für Waffenlieferungen und für die Besoldung der Truppen auf eigene Rechnung bestritten und Österreich, als es gleichzeitig vom Westen her durch die Franzosen und aus dem Orient von den Türken bedroht war, vor einem Staatsbankrott gerettet. Als Oberrabbiner für alle habsburgischen Länder war der Bankier gleichzeitig Inhaber der geistlichen Gewalt über die gesamte Judenschaft und wurde damit den höchsten Würdenträgern des katholischen Klerus gleichgestellt.

Wertheimber, der aus zwei Ehen zehn Kinder hatte, legte es nach dem Muster der Habsburger darauf an, durch verwandtschaftliche Beziehungen mit Familien befreundeter Finanzgrößen auf einen Familienkonzern in allen europäischen Handelsmetropolen hinzuarbeiten. Diese Heiratspolitik wurde für seine gleichfalls kinderreichen Enkel und Urenkel zur Tradition, vornehmlich für Isaak Zacharias Wertheimber, der von München nach Frankfurt übersiedelte und hier durch seine Heirat mit Veronika Speyer mit ihrem Bruder, dem anerkannten Haupt der Frankfurter Juden, verschwägert wurde. Der Bankherr Speyer hatte im Jahre 1799 zusammen mit seinem Bruder und seinem Sohn bei der Frankfurter Finanzbehörde freiwillig 604 000 Gulden versteuert. Das war zu einer Zeit, als der Begründer der Rothschild-Dynastie, Mayer-Amschel Rothschild, nur den zehnten Teil, nämlich 60 000 Gulden angeben konnte. Isaak Zacharias' ehrgeiziger Sohn Wolff Wertheimber, der von seinem Vater 138 000 Gulden geerbt hatte, wollte die inzwischen reicher gewordenen Rothschilds überflügeln und nach außen hin feudal repräsentieren. Er ließ sich daher im Jahre 1804 von dem Stadtbaumeister Hess dem Älteren in dem neuen Wohnbezirk „An der Schönen Aussicht" ein Haus bauen, das, dem Bedürfnis einer gewandelten Zeit und deren Verlangen nach Sonne und frischer Luft entsprechend, 30 m lang, 28 m hoch und 25 m tief war und die gesamte Mainfront beherrschte. Hochherrschaftlich wirkte schon der Eingang durch einen von vier Säulen getragenen Portikus, hinführend zu einer Halle, die sich zu einem fünf Meter hohen überwölbten Atrium ausweitete. Als „Schopenhauer-Haus" ist dieses Haus an der Schönen Aussicht Nr. 16 ein halbes Jahrhundert später berühmt geworden, als der Philosoph im Jahre 1860 die rechte Hälfte des Erdgeschosses in diesem Hause mietete.

Wolff Zacharias Wertheimber, der in diesem Palais reicher als die Rothschilds zu werden hoffte, konnte den Glanz des Hauses nicht lange aufrechthalten. Verblendet durch seinen Glauben an den Bestand von Napoleons Herrschaft, der bei ihm als Gast geweilt hatte, ließ er sich in waghalsige Spekulationen ein und reiste nach Paris, um die vermeintlich günstige Konjunktur auszunutzen. Seiner Gattin Leonore prophezeite er, ihr durch einen Kurier die Nachricht von Millionen-Gewinnen mitteilen zu lassen, ohne zu ahnen, daß ihm durch Napoleons Sturz schwerste Verluste bevorstanden. Als seelisch gebrochener Mann kehrte er erst nach Wochen heim, um mit letzter Kraft seine Firma vor dem Bankrott zu retten. Sein Haus an der Schönen Aussicht aber betrat er nicht wieder, sondern bezog ein Quartier in der Judengasse. Hier konnte man ihn Tag für Tag mit einem Besen das Pflaster säubern sehen, bis der Tod ihn 1844 erlöste. — Seine Frau war mit ihren beiden Söhnen Leopold und Zacharias und ihrer Tochter, Baronin Hirsch, an der Schönen Aussicht wohnen geblieben. In Schwermut und Schwachsinn verfallen, wich sie nicht vom Fenster, pochte mit ihrem ihr von Napoleon verehrten Marquisenring gegen die Scheiben und hielt Ausschau nach dem aus Paris erwarteten Kurier. Mit Ausnahme von Leopold hat die Greisin ihre vierzehn Kinder sämtlich überlebt. Vermutlich von der Hand Leopolds stammte die in ein Fenster des später von Fried Lübbecke bewohnten Zimmers mit einem Diamanten am 20. Februar 1872 eingeritzte Inschrift: „Heute nacht starb in diesem Zimmer meine innigstgeliebte Mutter Leonore Wertheimber im Alter von 83 Jahren." Es ist der gleiche Raum, in dem am Weihnachtsabend 1891 der katholische Historiker und Prälat Professor Dr. Johannes Janssen verstarb.

Ein Urenkel des Stammvaters Samson Wertheimber, der aus Fürth gebürtige Louis Wertheimber, eröffnete 1854 in Frankfurt eine neue Bankfirma, an der sich sieben Jahre später sein Bruder Emanuel als Partner beteiligte. Das Bankhaus hieß seitdem „L. und E. Wertheimber". Als weiterer Mitinhaber eröffnete Ernst Wertheimber-de Bary im Jahre 1911 ein eigenes Bankhaus, das 1933 arisiert wurde. Gegenwärtig ist die Kunsthistorikerin Gräfin Maria Lanckoronska die einzige in Frankfurt ansässige Deszendentin aus der entfernten Nachkommenschaft Samson Wertheimbers, des von der Geschichte als „Judenkaiser" gewürdigten Wiener Krösus.

Der „ahle Frankforter" Mayer-Amschel Rothschild

Urkunden bezeugen, daß sich der Vorfahr der Rothschild'schen Gelddynastie Isaak Elchanan nach dem roten Schild über dem Eingang seines 1567 in der Judengasse in Frankfurt erbauten Hauses den Namen Rothschild beigelegt hat. Dies Haus war jedoch nicht der Stammsitz des Bankhausbegründers Mayer-Amschel Rothschild, der als Nachkomme Elchanans in sechster Generation um 1785 das Haus zum „Grünen Schild" samt der daneben gelegenen „Goldenen Arche" bezogen hat, die durch einen gemeinsamen Giebel mit dem „Grünen Schild" überdacht war. Dieses Haus wurde die Geburtsstätte seiner fünf Söhne, von denen der älteste, Amschel (Anselm) nach dem Tode seines Vaters 1812 das Stammgeschäft in Frankfurt übernahm, während Salomon in Wien, Nathan in London, Carl in Neapel und James in Paris selbständige Banken errichteten, aber immer in Fühlung mit dem Stammhaus blieben und dadurch zu Beherrschern des europäischen Geldmarktes wurden. Diese Eintracht hatte der Vater den fünf Söhnen auf seinem Sterbebett eingedenk seines Wahlspruches „Concordia — Integritas — Industria" (Eintracht, Redlichkeit, Fleiß) zur Pflicht gemacht, und Amschel hat grundsätzlich seine wichtigsten Finanzoperationen nur nach Fühlungnahme und gemeinsamer Beratung mit seinen Brüdern unternommen, eine Gewähr für den nicht ausbleibenden Erfolg.

Als „eisgraues Männchen", den Zylinder im Nacken, mit Vatermörder und langem, offen getragenem Bratenrock, mit beiden Händen in den Hosentaschen, erscheint Amschel Rothschild in der Literatur oft nur als Witzblatt-Type eines biedermeierlichen Jobbers, der es in Wort und Schrift niemals zu einem korrekten Deutsch brachte, und dessen Sprache daher ein kurioses Gemisch aus jüdischem Jargon und Frankfurter Mundart darstellte. Aber er war ein grundgescheiter Menschenkenner und scharfblickender Beurteiler der verzwicktesten Situationen, und diese boten sich ihm reichlich an in seiner Doppelposition als preußischer Hofbankier und Financier des Deutschen Bundes; denn infolge der Rivalität zwischen Preußen und Österreich war er dem Kreuzfeuer diametral entgegengesetzter Forderungen ausgesetzt, denen er mit viel Diplomatie, Umsicht und Takt begegnen mußte. Wohlweislich hielt er sich daher von aller Politik fern, um streng neutral zu erscheinen. Als man ihn 1849 um die Finanzierung von Kampfblättern bat und ihm zumutete, durch Gründung einer Zeitung sein Bankhaus auf eine politische Marschroute festzulegen, lehnte er diese Vorschläge als einen „meschuggenen Stuß" rundweg ab. Angesichts des damals noch provinziellen Niveaus der Frankfurter Presse, die über kein Blatt vom Range der Cotta'schen „Allgemeinen Zeitung" verfügte, genügte es ihm, seine Meinung gelegentlich in der Öffentlichkeit bekanntzugeben.

Im Geschäftsleben fallen auch persönlich-menschliche Qualitäten ins Gewicht, und Amschel besaß durchaus

Sympathie erweckende Talente. Seine Freigebigkeit erstreckte sich auf alle Schichten der Bevölkerung, sei es, daß er bei seinen Festen die Damen jeden Alters in diskreter Galanterie mit Aufmerksamkeiten überraschte, was ihm bei der Weiblichkeit den Namen „Goldschatz" eintrug, sei es, daß er im stürmischen Jahr 1849, als ein Laib Brot 48 Kreuzer kostete, Brotkarten verteilen ließ, die auf 24 Kreuzer lauteten. Sie waren mit dem Signum seiner Firma versehen, die die Differenz trug. Obwohl orthodoxer Jude, spendete er ohne weiteres einen Betrag für den Ausbau des Frankfurter Domes und zu dem Ankauf von Rethels Altargemälde der Auferstehung. Er tat dies nicht etwa als Kunstmäzen, sondern aus Anhänglichkeit an seine Vaterstadt, nur als „ahler Frankforter".

Sonst beschränkte sich sein Interesse auf das Geschäftliche. Imponieren konnten ihm nur Menschen, die sich durch Intelligenz, Ausdauer und Fleiß allen Widerständen zum Trotz eine Position errungen hatten. Zu ihnen, die er „al pari", wie er sagte, als seinesgleichen zu behandeln pflegte, gehörte auch Arthur Schopenhauer, von dessen Werken er vermutlich kein einziges kannte. Aber er hatte Respekt vor dem Philosophen, der nach langen Jahren der Mißachtung und des geflissentlichen Totschweigens seit 1851 endlich doch in wachsendem Ansehen und Ruhm stand. Als Schopenhauer bei ihm zu Tisch gewesen war und die anderen Gäste sich entrüsteten, wie man mit solch einem gottlosen Ungläubigen verkehren könne, erwiderte Amschel: „Was heißt hier Atheist? Das ist doch dem Mann sein Erwerb. Geschäft bleibt Geschäft!"

Amschel war einer der ersten, der Bismarck seine Aufwartung machte, als dieser am 10. Mai 1849 sein Amt als

Rothschilds ältester Sohn Amschel Mayer (1773—1855)

preußischer Gesandter am Bundestag übernommen hatte. Für den pommerschen Junker, den die „Vornehmigkeit“ der Frankfurter Gesellschaft „gräßlich langweilte“, war der damals 76 Jahre alte Patriarch ein neuartiger Typ. In Briefen an seine Frau, in denen er gewiß zum ersten und einzigen Male den Tonfall der Frankfurter Mundart nachahmte, schilderte er ihr den Lebensstil des frommen Juden, der bei seinen Diners koscher zubereitete Speisen bevorzugte, und der mit zutraulicher Nonchalance von seinem Diener „ebbes Brot vor die Rehcher“ verlangte, ehe er in das Dammwildgehege seines Parkes ging. Bismarck empfand bei allem Spaß an Amschels Kuriosität doch auch die Tragik des „kinderlosen einsamen Mannes“, der, damals seit einem Jahr verwitwet, auf das Personal seines Palastes an der Bockenheimer Landstraße angewiesen war, gewiß auch zuweilen betrogen wurde und sich von seinen „französierten und anglisierten Neffen und Nichten, die einmal seine Schätze erben werden, ohne Dank und Liebe“, von oben herab behandeln lassen mußte.

Als Amschel mit 81 Jahren erkrankte und sein letztes Stündlein gekommen glaubte, winkte er dem Arzt wehmütig lächelnd ab, der ihm zum Trost hundert Jahre prophezeien wollte: „Wenn mich der liebe Gott billiger haben kann für 81, wird er mich doch nicht nehmen zu 100!“ — An seinem Neffen Carl, dem Sohn seines Bruders gleichen Namens aus Neapel, fand Amschel in seinen letzten Jahren noch eine Stütze. Denn Carl, der entgegen der Familientradition politischen Ehrgeiz besaß, ließ sich in Frankfurt nieder, wurde Frankfurter Stadtrat, Abgeordneter im Reichstag des Deutschen Bundes und schließlich zur Kaiserzeit Mitglied des Herrenhauses.

Nach Carls Ableben 1886 übernahm sein Bruder Wilhelm die Leitung des Frankfurter Bankhauses. Da auch ihm nur Töchter und keine männlichen Nachkommen beschieden waren, erlosch das Frankfurter Stammhaus „M. A. Rothschild & Söhne“ im Jahre 1901. Auch das Gebäude der Bank in der Fahrgasse 146 ist heute vom Erdboden verschwunden. Das Haus zum „Grünen Schild“, der Stammsitz der Familie Rothschild, das als letztes Überbleibsel von der Judengasse am großen Wollgraben bis 1944 als museale Sehenswürdigkeit erhalten geblieben war, ist den Bomben zum Opfer gefallen.

Außer den einfachen Gräbern der Rothschilds auf dem alten Judenfriedhof am Rande des Dominikaner-Platzes und den repräsentativeren der späteren Generationen auf dem israelitischen Friedhof an der Rat-Beil-Straße erinnert im Nordend Frankfurts eine nach den Rothschilds benannte Allee an die Familie. Auch der nach englischem Vorbild erweiterte und instandgehaltene Grüneburgpark ist den Rothschilds zu danken, ebenso der am Anfang der Bockenheimer Landstraße gelegene Park des Baron Maximilian von Goldschmidt, der nach seiner Heirat mit Wilhelm von Rothschilds Tochter Minna, unter ihren Freunden als „Minka“ bekannt, seinem Namen den der Rothschilds hinzufügte. Als er während des letzten Krieges mit 95 Jahren starb, gelangte sein Park in den Besitz seiner Vaterstadt. Von seinem Palais waren nach den Bombenangriffen nur die Umfassungsmauern übriggeblieben.

Für alle Zukunft bleibt aber der Name des Barons und Politikers Carl von Rothschild mit dem Frankfurter Geistesleben verknüpft, seitdem seine Erben 1887, ein Jahr nach seinem Tode, sein Familienhaus am Untermainkai

14—15 und seinen gesamten Besitz an Büchern der Stadt Frankfurt vermacht haben. Damals, in den achtziger Jahren des 19. Jahrhunderts, als die Disziplinen der Germanistik, der Sprachwissenschaften und der Volkskunde erst im Werden waren, sollten die Rothschildschen Bücherbestände diejenigen der Stadtbibliothek, des Senckenbergianums und des Goethemuseums ergänzen und bei Neuanschaffungen die genannten Fächer bevorzugt werden. Diese Erweiterung verdankt die Bibliothek den finanziellen Zuschüssen aller vier Zweige der Familie Rothschild, die auch in dieser Hinsicht sich ihrer Verpflichtung zur Eintracht bewußt waren und der Stadt ihrer Väter zu einem geistigen Kapital verhalfen, das damals wie heute reichen Zins erbringt.

Der „fliegende Baron" von Drais und seine Laufmaschine

Bei der badischen Oberforstverwaltung in Karlsruhe hatte man mit dem Baron Karl Friedrich Drais von Sauerbronn allerlei Last. Denn dieser querköpfige Inspektor beschäftigte sich auch während der Dienststunden mit Mathematik und Mechanik und entwarf am Zeichenbrett wunderliche Apparate. Doch hatte man Nachsicht mit dem Sonderling, weil er als Sohn des Oberhofrichters und als Patenkind des Markgrafen und späteren Großherzogs Karl Friedrich höchste Protektion besaß. Als Forstbeamter blieb er auch nach seiner Versetzung an das Freiburger und bald danach an das Rastatter Forstamt ein Versager, dessen man sich mit Anstand entledigte, als man ihm 1814

„unter Vorbehalt aller Dienstrechte" für die weitere Konstruktion der von ihm erfundenen „Laufmaschine" einen Urlaub von vier Jahren gewährte.

Als primitive Vorform des Fahrrades bestand dieses Laufrad aus einem Holzgestell, an dem zwischen den beiden hintereinander montierten Rädern außer einem Leithebel ein Sitzsattel und ein Bügel zum Aufstemmen der Arme angebracht waren. Sogar für Knöpfe zum Anhängen von Reisetaschen war schon vorgesorgt. Der Antrieb aber mußte in Ermangelung von Pedalen und Tretkurbeln nach einigen Laufschritten durch Abstoß mit den Füßen erfolgen. Nach Drais' massenweise vertriebenen Anpreisungen sollte sein Fahrrad bergauf die Geschwindigkeit eines rüstigen Fußgängers erzielen, bergab dagegen es mit den schnellsten Schlittschuhläufern aufnehmen können und auf ebener Straße das Tempo eines galoppierenden Pferdes um das vierfache übertreffen. Daneben pries der Erfinder solche „wohltätige Laufbewegung" als heilsame Stärkung der Beinmuskeln und Atmungsorgane an.

Anno 1813 fand das neue Laufrad die Aufmerksamkeit des österreichischen Kaisers Franz I. und des Zaren Alexander I., als sie mit den ihnen verbündeten Monarchen und der gesamten Generalität auf dem Vormarsch nach Paris einige Tage in Karlsruhe rasteten. Drais führte sein Rad vor und wurde vom Zaren mit einem Diamantring belohnt. Ein Jahr später war das Laufrad die vielbestaunte Attraktion des Wiener Kongresses, als Drais in seiner grünen Forstmeister-Uniform mit wehenden Rockschößen durch die Alleen von Schönbrunn „ruderte" und im Prater erschien. Nur leider reagierte die Karlsruher Forstbehörde, die von ihren Beamten bescheidene Zurückhaltung verlangte, auf die hymnischen Zeitungsberichte aus Wien mit einem protokollarischen Rüffel und dem Verbot des Uniformtragens. Schließlich war man froh, als der rebellische Forstmeister im Jahre 1818 auf eigenen Antrag den Dienst quittierte und sein Landesherr ihm den Titel eines „Professors der Mechanik" verlieh. Drais aber fühlte sich durch seine bisherigen Erfinder-Erfolge ermutigt und stellte jetzt ein vierrädriges, durch Tretkurbel angetriebenes Fahrzeug her, das später nach seiner Erprobung auf der Route von Karlsruhe nach Mannheim nach seinem Namen die Bezeichnung „Draisine" erhielt, als die es bei der Eisenbahn für Streckenbesichtigungen Verwendung fand und schließlich als Gleiskraftwagen den Antrieb durch einen Verbrennungsmotor erhielt. Auch sein Laufrad wurde Draisine genannt und erzielte aufsehenerregende Rekordzeiten, als der „fliegende Freiherr" darauf für den Hin- und Rückweg von Mannheim nach Schwetzingen und von Gernsbach nach Baden nur eine einzige Stunde brauchte. Auch nach Vorführungen in Paris und London ergingen sich die Zeitungen in spaltenlangen Lobpreisungen, von denen Drais jedoch keinen greifbaren Nutzen hatte, solange sich kein Industrieller zu einer Serienfabrikation seines Rades bereitfand. Als seine betriebsame Reklame im Badischen wirkungslos verpuffte, setzte Drais seine ganze Hoffnung auf wagemutige Frankfurter Unternehmer. Schon am 1. September 1816 hatte er dem Senat eine andere Erfindung eingereicht: ein Erhöhungs-Perspektiv, eine Vorform des Periskops, eine Kombination von zwei Spiegeln, die es dem Theaterbesucher ermöglichen sollte, über allzugroße Vordermänner hinwegsehen und überhaupt den ganzen Raum besser überschauen zu können. Drais beantragte ein Privileg von zehn Jahren für diese Erfindung, wurde aber im Januar 1817 ablehnend beschieden. Für diesen Mißerfolg wurde er jedoch noch im gleichen Jahre am 3. September entschädigt, als die Frankfurter „Gesellschaft zur Förderung der nützlichen Künste und der sich veredelnden Wissenschaften“ (aus der sich später die Polytechnische Gesellschaft entwickelt hat), ihn an zehnter Stelle zum korrespondierenden Mitglied ernannte.

Um diese Position weiter auszubauen, erschien Drais nach einer nur zweistündigen Radfahrt von Darmstadt am 5. April 1818 persönlich in Frankfurt, wo er sechs Tage später nach einem Vortrag vor der genannten Gesellschaft auf ihrem Hof unter lebhaftem Beifall der Zuschauer einige Runden absolvierte. Drei Wochen danach, am 30. April 1818, richtete er eine etwas überhebliche Eingabe an den „Hochpreislichen Senat“ um Gewährung eines Patents für sein Laufrad auf zehn Jahre. In diesem Zeitraum sollte sich niemand unterstehen, ohne eine von ihm persönlich empfangene Marke, die der „rullierenden Maschine vorn sichtbar einverleibt“ werden müßte, sich mit einem Laufrad auf Frankfurts Straßen blicken zu lassen. Widrigenfalls sollte die Konfiskation jeder illegalen Maschine zum „Vorteil des Erfinders“ erfolgen. Da aber der Senat aus Prinzip keinem Fremden den Vorzug der Nutznießung eines Patents gewähren konnte, ohne seine Bürger zu brüskieren, wurde der Antrag abgelehnt.

Vermutlich aus Enttäuschung über dieses Mißlingen verschwand Drais für ein Jahr von der Bildfläche und nahm an einer Forschungsexpedition nach Brasilien teil, brachte aber als Ausbeute nur einige Versteinerungen und ausgestopfte Vögel mit. Wiederum entwich er der Öffentlichkeit, diesmal nach Waldkatzenbach im Odenwald und schaffte hier wie besessen an weiteren Erfindungen: an einer Geheimschrift, einer Schießmaschine, an Dampfkochtöpfen und einem absurden Diktaphon, das die Improvisationen eines Klaviervirtuosen in Notenschrift umsetzen sollte. Es steckte also ein Erfinder in ihm, der in gewisser Weise seiner Zeit voraus war, aber nicht überall zum Zuge kam. Durch seine Einsiedelei verlor er wohl auch den Maßstab für sein Benehmen der Umwelt gegenüber. Plötzlich tauchte er in Mannheim auf, buntscheckig ausstaffiert im grauen Zylinder zum grünen Frack und gelben Nankinghosen, ein Rohrstöckchen schwingend und auf seinem Laufrad fahrend. Da blieb es nicht aus, daß er das triste Bild eines auf die schiefe Bahn geratenen, innerlich gelockerten genialen Erfinders bot, der in Wirtshäusern, wo man ihm Bier und Schnaps spendierte, sich durch Tanzen, Singen und Deklamieren zum Popanz machte. Eine Mannheimer Polizeiakte vom 16. November 1838 ist darüber erhalten. Noch mit 63 Jahren konnte er sein Temperament nicht zügeln; im Revolutionsjahr 1848 befand er sich mitten unter randalierenden Philistern und drohte mit gezücktem Hirschfänger zu den Fenstern seines großherzoglichen Paten empor! Man nahm es jedoch nicht allzu tragisch und buchte es auf das Konto seines Narrenrechts. Fast mittellos fand er Aufnahme bei seinen Karlsruher Geschwistern, bei denen er als entgleister Erfinder am 10. Dezember 1851 mit 66 Jahren starb. Der Wert seines Nachlasses belief sich auf nur 30 Gulden und 4 Kreuzer, darunter war sein Laufrad mit nur drei Gulden veranschlagt.

Rudolf Christian Böttger, ein vergessener Erfinder

Während manche Erfinder, die ihrer Zeit vorauseilten, von ihrer Mitwelt verkannt wurden, trat bei dem bahnbrechenden Frankfurter Physiker und Chemiker Rudolf Christian Böttger (1806–1881) der umgekehrte Fall ein, daß trotz aller Anerkennungen und Auszeichnungen, die ihm zu Lebzeiten zuteil wurden, das Andenken an seine Entdeckungen und an die Daten seiner bürgerlichen Existenz dem Gedächtnis der Nachwelt so weit entschwunden sind, daß die meisten Konversationslexika diesem Erfinder der Sicherheitszündhölzer, der Schießbaumwolle und dem Verbesserer der Galvanoplastik eine spezielle Würdigung versagt haben.

Schon mit 29 Jahren Inhaber eines Lehrstuhls beim Physikalischen Verein und mit 43 Jahren Ehrenbürger von Frankfurt, hat er aus Anhänglichkeit an seinen Frankfurter Wirkungskreis sämtliche Berufungen an die Universitäten Halle und Dorpat, an eine ungarische Hochschule und eine russische Akademie ausgeschlagen. Ohne den Ehrgeiz, seine Funde, Beobachtungen und Erkenntnisse in dickleibigen Kompendien auseinanderzusetzen, widmete er seine volle Kraft der Lehrtätigkeit und der Praxis des Experiments. Ihm genügte es, den verschiedensten Zweigen der Technik und Industrie sowie handwerklichen Betrieben und Gewerben zu dienen, ohne viel Aufhebens davon zu machen. Freigiebig in der Mitteilung seiner Forschungsergebnisse an Zeitschriften und Journale, an die Jahresberichte des Physikalischen Vereins und dessen Polytechnisches Notizblatt, verschenkte er gewissermaßen seine Entdeckungen, ohne auf materiellen Nutzen auszugehen oder an den Schutz durch Patente zu denken.

So konnte es geschehen, daß Böttgers Leistungen in Vergessenheit gerieten und stattdessen andere den Entdeckerruhm einheimsten wie für die Zündhölzer sein Vorläufer, der Engländer Cooper, der 1825 Schwefelhölzer hergestellt hatte, deren Zündmasse aus giftigem gelbem Phosphor zusammen mit dem schwefelüberzogenen Holz schon bei geringer Reibung entflammte und später (1907) auch wegen ihrer Gefährlichkeit verboten wurde. Böttger dagegen verwandte 1848 für seine Sicherheitshölzer giftfreien roten Phosphor. Nutznießerin dieses verbesserten Verfahrens wurde die Fabrik Tidaholm in Jönköping, die mit Böttgers Erfindung die Monopolstellung der schwedischen Zündhölzer begründete.

Als Böttgers jahrelange Oxydationsversuche mit Pflanzenfasern am 8. August 1846 zur Erfindung der Schießbaumwolle geführt hatten, erfuhr er, daß dem Baseler Professor Schönbein die gleiche Erfindung geglückt war, worauf sich die beiden als gute Kollegen zusammentaten, um eine Verbesserung des Materials zu erzielen. Anstelle einer finanziellen Belohnung, die ihm der Deutsche Bund in Aussicht gestellt hatte, wurde Böttger mit einem Orden abgefunden und ihm die Versetzung in den Adelsstand angetragen, die er ironisch ablehnte.

Unmittelbar nach Entdeckung der Galvanoplastik überflügelte Böttger den Entdecker Jakobi durch den Nachweis, daß an Hand dieses Verfahrens Bildabzüge in beliebiger Zahl von druckfertig gravierten Kupferplatten herstellbar seien. Als sein berühmter Freund und Kollege Justus Liebig bezweifelte, daß diese Methode auch für

Monumente in Frage käme, behielt Böttger recht: auf seinen Rat hin wurde der Guß des Frankfurter Gutenberg-Denkmals auf dem Roßmarkt mit Hilfe von Galvanoplastik ausgeführt und glückte.

Böttger selbst beschied sich für seine Forschungsarbeiten mit den primitiven Kellerräumen des Senckenberg-Instituts. 46 Jahre lang war er dort schon in aller Morgenfrühe tätig, noch bis kurz vor seinem Tode, der ihn einen Tag nach seinem 75. Geburtstag, am 29. April 1881 ereilte. — Im folgenden Jahr ließ der Physikalische Verein von Friedrich Schierholz eine Böttger-Büste in Bronze modellieren und am Eingang von Senckenbergs botanischem Garten aufstellen. Jetzt hat sie ihren Platz im Institut des Physikalischen Vereins gefunden. Die Stadt Frankfurt hat Böttgers Andenken durch Benennung einer Straße im Nordend geehrt.

Die Kunst der Schriften.

Wie die Buchdruckerkunst an ihrem Beginn sich um möglichste Nachbildung der kunstvoll geschriebenen Buchstaben bemüht hatte, so hatte der Buchdruck am Ausgang des 19. Jahrhunderts als Gegengewicht gegen die im Lauf der Jahrhunderte nicht ausbleibende Neigung zur Erstarrung im Mechanischen und Massenhaften sich wieder auf die Buchdrucker*kunst* besonnen. Als das 450jährige Jubiläum der Erfindung Johann Gutenbergs gefeiert wurde, suchten in England William Morris, in Deutschland Karl Klingspor, der Besitzer einer Offenbacher Schriftgießerei und Druckerei, den Weg zu einer schönen und charaktervollen, an künstlerischen Prinzipien orientierten Druckschrift. Anreger und Vorläufer für den neuen Schriftstil war Morris gewesen, der um 1890 auf seiner Kelmscott Press schöne Drucke früherer Jahrhunderte mit der Handpresse herstellte. Im Unterschied zu ihm, der alles Maschinelle verachtete, waren Klingspors Bestrebungen ausschließlich auf die Gegenwart, auf die Zukunft und auf den technischen Fortschritt abgestimmt.

Seit 1906 mit den Schriftkünstlern Rudolf Koch, Walter Tiemann, Otto Eckmann und Peter Behrens zu einer Werksgemeinschaft verbunden, machte er Offenbach zu einer Stätte der Regeneration und Reformierung des Buchdrucks, die ihren Einfluß auf die graphischen Betriebe und das ganze deutsche Verlagswesen ausstrahlte. In gleicher Richtung liefen Bestrebungen der Offenbacher „Meisterschule des deutschen Handwerks“, des ersten Instituts, an dem unter Leitung von Rudolf Koch Schrift als Unterrichtsfach gepflegt wurde und der Geist eines soliden, werkgerechten Handwerks wieder zu seinem Recht kam.

Klingspors reiche Sammlungen technisch und künstlerisch qualifizierter Bücher und die Nachlässe der Schriftkünstler Rudolf Koch und Rudo Spemann gehören zum Grundstock des nach ihm benannten Offenbacher Klingspor-Museums, dessen „Institut für neue Buch- und Schriftkunst“ seinen erzieherischen Einfluß auf das graphische Gewerbe, auf Buchhändler, Verleger und Buchbinder besonders dahin geltend macht, daß Inhalt, Schriftbild und Ausstattung des Buches eine Einheit bilden.

Klingspors Tätigkeit fiel in eine Friedenszeit allgemeinen Wohlstandes, als die wertvollen Zeischriften „Pan“ und „Insel“ die fortschrittlichen Neuerungen des Buchdruckes und der Buchillustration verbreiteten, und als die von privater Seite angeregten Druckschöpfungen der Ernst-Ludwig-Presse, der Bremer, der Cranach- und anderer Handpressen Vorbilder und Anregungen gewährten. Für die von ihnen hergestellten bibliophilen Drucke hat es nach 1930 an Abnehmern gefehlt. Aber trotz der nun veränderten Verhältnisse, so betont Dr. Hans Adolf Halbey, seit 1957 Direktor des Klingspor-Museums, in seinen Vorträgen vor der Frankfurter Graphischen Gesellschaft und andernorts immer wieder, gibt es auch heute noch Mäzene, Sammler und Verleger mit Initiative zum Entdecken und Fördern der Kunst der Schriften, die in seinem Museum ihren konzentrierten Niederschlag finden. Es gibt in Europa außer dem kleineren Plantin-Museum in Antwerpen kein anderes Museum, das sich so intensiv der neuen Schriftkunst widmet wie das Offenbacher Klingspor-Museum. Für seinen Leiter Dr. Halbey ist es daher eine selbstverständliche Pflicht, die Kontinuierlichkeit der Sammlung aller Schriften zu wahren. In diesem Sinne hat er sie im Herbst 1966 bei der Eröffnung seines erweiterten und renovierten Museums in der Herrnstraße zu Offenbach durch Ankäufe aus dem Nachlaß des 1965 verstorbenen Altmeisters der Schriftkunst, Fritz Helmuth Ehmcke, und durch die Aufnahme des Nachlasses von F. H. E. Schneidler als Dauerleihgabe ergänzt. Nachdrücklich legte Halbey ferner Gewicht auf eine handwerkliche Ausbildung und Übung des Nachwuchses der Schriftkünstler. Klingspors Nachlaß, der in Druck und Schrift die bedeutendsten Erzeugnisse aller Kulturländer in einzigartiger Vielfalt umfaßt, bietet dafür ein unerschöpfliches Unterrichtsmaterial. Der Nachwuchs hat begriffen, daß es bei diesem Studium nicht auf die Kopie früherer Stile ankommt, sondern auf die Erfassung des Geistes und der Eigenart von Kompositionen. Beispielsweise richtet sich bei Max Slevogts Illustrationen zu Goethes „Faust“ das Interesse der jungen Schriftkünstler heute weniger auf die Eleganz und den Esprit seiner Schöpfungen als auf die Art der Verbindung von Text und Bild. Einleuchtende Beispiele für diese Auffassung bieten im Klingspor-Museum Arbeiten der berühmtesten Schriftkünstler und Illustratoren wie Melchior Lechter, Lovis Corinth, Aubrey Beardsley, Otto Eckmann, Aristide Maillol, Emil Orlik, Hans Meid und neben Gunther Böhmer viele andere Künstler der Gegenwart.

Präsident Lincolns Freundschaft mit Frankfurt

Abraham Lincoln hat sich gleich nach seiner Wahl zum Präsidenten der amerikanischen Nordunion (1860) um Kontakte zu Frankfurter Behörden und besonders zu Frankfurter Bankherren bemüht. Vermutlich durch den nach Amerika ausgewanderten Frankfurter Lehrer Georg Bunsen hatte er von dem fortschrittlichen „Nährboden“ für Pestalozzis pädagogische Reformen in der Mainstadt gehört, denn er holte Informationen über die Lehrpläne der Frankfurter Gymnasien und über die Unterrichtsmethoden an den Volksschulen ein, die ihm als Muster für die Organisation des Erziehungswesens seines Landes dienen sollten. Er selbst stiftete der Stadt Standardwerke zur amerikanischen Landes- und Wirtschaftsgeschichte, die der

Senat der Frankfurter Stadtbibliothek überwies. Seinen Frankfurter Bankfreunden aber ließ er zum Dank für ihre Dienste silberne „Patenlöffel“ als Geschenke zur Taufe ihrer Kinder überreichen, da er keine Orden zu verleihen hatte.

Denn vor allem warb er um die Freundschaft der Bankiers Philipp Nikolaus Schmidt und Johann Goll, der Chefs angesehener Frankfurter Bankhäuser, auf deren Hilfe er bei der Placierung von Anleihen rechnete. Der im April 1861 ausgebrochene Bürgerkrieg zwischen den amerikanischen Süd- und Nordstaaten forderte auf beiden Seiten hohe Mittel zu seiner Finanzierung. Da die Südstaaten durch England und Frankreich begünstigt wurden, kamen die Börsen von London und Paris für die Nordunion nicht in Betracht, und Lincoln war daher ausschließlich auf Frankfurt angewiesen, dessen Staatspapierbörse seit 1815 an den Börsen ganz Mitteleuropas vorherrschte, und an der schon vor Kriegsausbruch eine nordamerikanische Anleihe in Höhe von neunzig Millionen Dollar günstige Absätze erzielt hatte.

Als entscheidende Waffenerfolge der Nordstaaten 1862 noch ausblieben und der Krieg täglich drei Millionen Dollar erforderte, so daß die Staatsschuld immer mehr anschwoll, reagierte die New Yorker Börse kleinlaut und verzagt, und die Zeitung „The World“ sagte einen unvermeidlichen Staatsbankrott voraus. In der Panikstimmung an der Börse wurde sogar vor dem Ankauf nordamerikanischer, angeblich nie einlösbarer Anleihebonds gewarnt.

Die Frankfurter Börse jedoch ließ sich durch solche Alarmnachrichten von ihrem unerschütterlichen Glauben

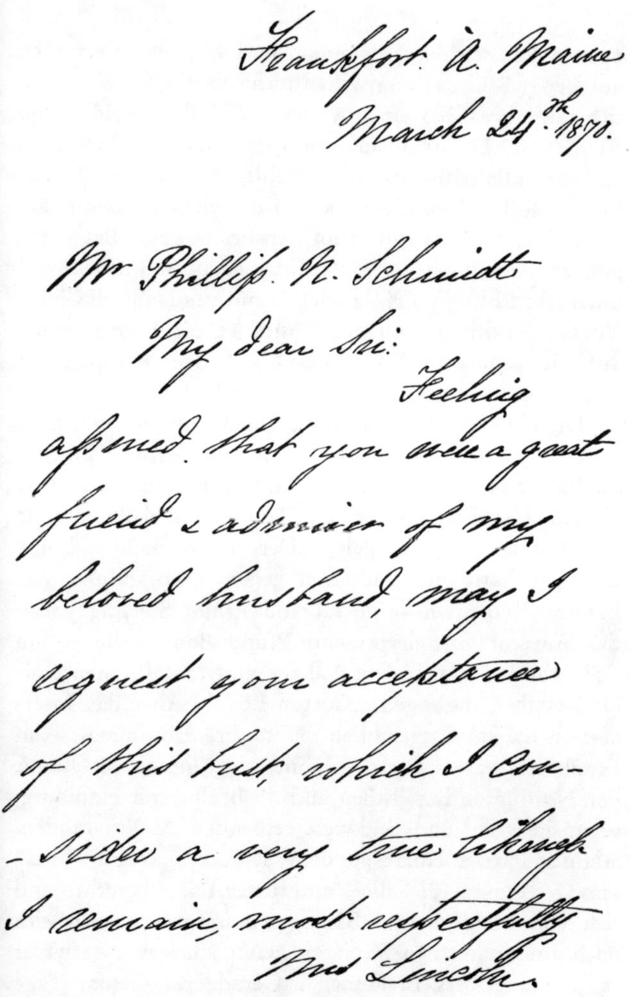
Frankfort A. Maine
March 24th 1870.

Mr Phillipp N. Schmidt

My dear Sir:

Feeling assured that you were a great friend & admirer of my beloved husband, may I request your acceptance of this bust, which I consider a very true likeness.

I remain, most respectfully
Mrs Lincoln.

Brief von Präsident Lincolns Witwe
an den Frankfurter Bankier Philipp Nikolaus Schmidt
vom 24. März 1870

an den Endsieg der Nordunion und von dem Vertrauen auf deren Rückzahlungswillen nicht abbringen; sie nahm sich im Jahre 1863 einer weiteren Anleihe in Höhe von 541 771 600 Dollar an und auch im folgenden Jahr noch der ebenfalls sechsprozentigen Obligationen von 75 Millionen Dollar. Von diesen beiden Anleihen wurden nahezu dreiviertel teils direkt an der Frankfurter Börse abgesetzt, teils durch deren Vermittlung in Süddeutschland untergebracht, ein Erfolg, der ermutigend auf die New Yorker Großfinanz wirkte, die sich jetzt in Lobeshymnen auf die „enormen Kauforders" auf dem europäischen Kapitalmarkt erging.

Die Finanzlage der industriearmen Südunion war noch weit ungünstiger als bei der Nordunion. Seitdem Lincoln die Blockade ihrer sämtlichen Häfen veranlaßt hatte, war die Ausfuhr ihrer wichtigsten Handelsartikel Baumwolle und Tabak völlig lahmgelegt. Der Pariser Bankier Emile Erlanger hatte der Südunion gegen Verpfändung von Baumwollvorräten — je tausend Pfund Sterling gaben das Anrecht auf viertausend Pfund Baumwolle — im Frühjahr 1863 zwar eine Anleihe von 15 Millionen Dollar gewährt, die sogen. „Cotton Loan". Aber das Interesse an diesem Papier blieb in Frankreich minimal — in Frankfurt war es sogar verpönt —, während die Bonds der Nordunion inzwischen auch in Berlin und Hamburg, sogar in Wien und Budapest reißenden Absatz fanden. Als der Pariser Korrespondent der „New York Times" am 31. August 1864 die Frankfurter Börse besuchte und sich von Maklern und Bankiers umringt sah, „die sich nach amerikanischen Papieren heiser schrieen", geriet er in „fassungsloses Erstaunen". Gerade an diesem Tage

ABRAHAM LINCOLN (1809—1865)
Präsident der amerikanischen Nordunion
Nach einem von Konsul Wilford J. Kramer
dem Historischen Museum Frankfurt a. M. geschenkten Foto

wurden mehr Stücke gehandelt als von dem Gesamtumsatz aller sonstigen Effekten, und zwar aus „unbegrenztem Vertrauen" auf den Bestand der Nordunion und auf die Persönlichkeit Abraham Lincolns, dessen Verbot des Sklavenhandels ihm die Verehrung aller deutschen Patrioten sicherte. Einen Rückhalt hatte das Vertrauen der Frankfurter Handelskammer nur durch die zuversichtlichen Berichte der Frankfurter Konsulate von Chicago, Cincinnati, St. Louis, Philadelphia und Milwaukee über die Wirtschaftslage der Nordunion und durch den amerikanischen Generalkonsul William Walton Murphy in Frankfurt, der als gewandter Diplomat und genauer Beobachter aller Vorgänge an der Börse und auf dem Geldmarkt mit Senat und Behörden der Stadt ständigen Kontakt hatte. Murphy's tatkräftigster Sekundant war der Herausgeber der „Neuen Frankfurter Zeitung", Leopold Sonnemann, der bei seiner Empfehlung der Anleihen als vorteilhafte Kapitalanlage auf die absolute Vertrauenswürdigkeit der Nordunion und deren pünktliche Erfüllung aller Einlösungsverpflichtungen hinwies. Indirekt hatte er auch durch Enthüllungen über bedenkliche Manipulationen bei der österreichischen Kreditanstalt vorsichtig kalkulierende Frankfurter Bürger, die die österreichischen Staatspapiere bisher als mündelsichere Anlage bevorzugt hatten, zu deren Umtausch gegen amerikanische Bonds bewogen. Dadurch wurde die Frankfurter Börse auch für deutsche Bankiers und ihre Kunden ein von dem amerikanischen Botschafter Andrew D. White in seiner Berliner Ansprache gerühmtes „most beneficial centre of financial influences". — Durch den Besitz der sieben amerikanischen Anleihen, die sämtlich termingemäß eingelöst wurden, empfingen ungezählte deutsche Geschäfts- und Familienvermögen einen beträchtlichen Zuwachs.

Nach Lincolns Ermordung im April 1865 hat sein Amtsnachfolger, der siegreiche General Ulysses S. Grant, dem Frankfurter Senat und speziell Leopold Sonnemann den Dank und die Anerkennung seines Volkes noch im Mai desselben Jahres persönlich bekundet. Fünf Jahre später, im März 1870, hat Lincolns Witwe, Mary Todd Lincoln, Frankfurt besucht und dem Bankier Philipp Nikolaus Schmidt als einem „besten Freund und Bewunderer" des Präsidenten eine als Basrelief gestaltete Marmorbüste ihres Gatten übersandt.

General Grant war nach Ablauf seiner zweiten Präsidentschaftsperiode noch einmal im Juli 1877 drei Tage in Frankfurt, zunächst mit Sonnemann in mehrstündigen politischen Konferenzen, die auf einem Rundgang durch den Palmengarten fortgesetzt wurden, dann im Römer, wo ihm ein offizieller Empfang durch den Oberbürgermeister Mumm von Schwarzenstein zuteil wurde. Hierbei hat Grant den Frankfurter Damen gedankt, die durch eine Sammlung für die Verwundeten und die Hinterbliebenen der Gefallenen des Bürgerkrieges allen Frauen Europas vorangegangen seien. Auch dieses Beispiel der Opferbereitschaft könnte dazu beigetragen haben, daß es heute in den USA nicht weniger als 29 Städte und Ortschaften mit dem Namen „Francfort" gibt.

Personen-Register

Nachweis der Erstveröffentlichung

Seite

I. Gastfreundschaft und Geselligkeit

11 Frankfurter Allgemeine Zeitung, 11. 12. 1954

13 Zusammengestellt aus folgenden Aufsätzen des Autors in der Frankfurter Allgemeinen Zeitung:
„Tournee durch die Frankfurter Küchen", 29. 6. 1956,
„Goethes als Gastwirte", 24. 8. 1960,
„Eine Metropole der Kochkunst", 30. 9. 1960,
„Der perfekte Oberkellner", [auch] 30. 9. 1960,
„Gurgelnde Gäste an Frankfurter Festtafeln, Aus dem Tagebuch einer Hamburger Senatorentochter", 8. 2. 1961

Seite

18 Frankfurter Allgemeine Zeitung, 4. 10. 1956
21 Frankfurter Allgemeine Zeitung, 10. 4. 1954
24 Frankfurter Rundschau, 4. 12. 1954
26 Frankfurter Allgemeine Zeitung, 12. 1. 1957
29 Frankfurter Allgemeine Zeitung, 8. 12. 1956
31 „Freiwillige und erzwungene Neujahrsspenden in Alt-Frankfurt" in: Frankfurter Allgemeine Zeitung, 31. 12. 1954
34 Frankfurter Rundschau, 4. 9. 1954 und 21. 8. 1956
42 Teilweise veröffentlicht in: Frankfurter Allgemeine Zeitung, 25. 4. 1959
45 „Feuchtfröhliche Landpartien am Himmelfahrtstag" in: Frankfurter Allgemeine Zeitung, 6. 5. 1959
48 Frankfurter Allgemeine Zeitung, 3. 8. 1957
52 Frankfurter Allgemeine Zeitung, 13. 12. 1957
53 „Nachrichten werden auch austrompetet" in: Frankfurter Allgemeine Zeitung, 5. 10. 1954
55 „Cosima Wagners Mutter stammt aus dem Hause Bethmann" in: Frankfurter Allgemeine Zeitung, 2. 11. 1954
58 Frankfurter Allgemeine Zeitung, 31. 1. 1959
63 Frankfurter Allgemeine Zeitung, 20. 8. 1959
65 Frankfurter Allgemeine Zeitung, 30. 1. 1961
70 Frankfurter Allgemeine Zeitung, 7. 10. 1961
75 Frankfurter Allgemeine Zeitung, 7. und 8. 4. 1961
81 Frankfurter Allgemeine Zeitung, 13. 6. 1959

II. Dichtung und Wahrheit

87 Frankfurter Allgemeine Zeitung, 28. 8. 1954, ergänzt durch Bearbeitung
90 Frankfurter Allgemeine Zeitung, 16. 7. 1955
95 Manuskript im Nachlaß des Autors
98 Frankfurter Allgemeine Zeitung, 27. 6. 1957
100 Frankfurter Allgemeine Zeitung, 16. 7. 1957
103 Frankfurter Allgemeine Zeitung, 2. 7. 1955
107 Zusammengestellt aus folgenden Aufsätzen des Autors in der Frankfurter Allgemeinen Zeitung:
„Intermezzo am Main. Am Anfang und am Ende seiner Laufbahn gastierte Mozart in Frankfurt" 28. 1. 1956
„Goldene Tage in der Oper", 21. 7. 1956 [und]
„Komplimente ließen ihn eisig kalt. Mozart in Offenbach und Frankfurt", 28. 7. 1956

Seite

115 Frankfurter Allgemeine Zeitung, 7. 5. 1955
126 Frankfurter Allgemeine Zeitung, 10. 10. 1959
134 Manuskript im Nachlaß des Autors
139 Frankfurter Allgemeine Zeitung, 5. 5. 1956
142 Frankfurter Allgemeine Zeitung, 18. 4. 1959
147 „Mit des Kaisers Allongeperücke gekrönt“ in: Frankfurter Allgemeine Zeitung, 24. 9. 1956
153 Frankfurter Allgemeine Zeitung, 17. 2. 1959
156 Frankfurter Allgemeine Zeitung, 10. 10. 1956

III. Handel und Wandel

159 „Johann Gutenbergs Frankfurter Chance“ in: Frankfurter Allgemeine Zeitung, 6. 4. 1960
161 Frankfurter Allgemeine Zeitung, 5. 2. 1955
168 Zusammengestellt aus folgenden Aufsätzen des Autors in der Frankfurter Allgemeinen Zeitung:
„Frankfurt als Flüchtlingsherberge der Christenheit“, 16. 9. 1959,
„Calvinisten als Förderer von Frankfurts Weltgeltung“, 19. 9. 1959,
„Gottesdienst in einer alten Scheune. Frankfurt und Hanau als Zuflucht für Reformierte“, 24. 2. 1961
175 Frankfurter Allgemeine Zeitung, 15. 8. 1957
179 Aus zwei Manuskripten des Autors für die Frankfurter Buchmessen von 1954 und 1961 zusammengefügt unter Einbeziehung der ersten deutschen Übersetzung der Lobschrift Estienne's von Julius Ziehen 1919. Der Aufsatz war 1954 betitelt: „Die Frankfurter Buchmesse vor 400 Jahren.“ Der zweite handelte von der Verleihung des Friedenspreises des deutschen Buchhandels an den indischen Staatspräsidenten Radhakrishnan.
183 Teilweise veröffentlicht in: Frankfurter Allgemeine Zeitung, 4. 1. 1958
189 Frankfurter Allgemeine Zeitung, 2. 4. 1955
198 Manuskript im Nachlaß des Autors
202 „Glanz und Düsternis in der Villa ‚Schöne Aussicht 16‘“ in: Frankfurter Allgemeine Zeitung, 9. 6. 1960
206 Frankfurter Allgemeine Zeitung, 10. 12. 1955
211 Frankfurter Allgemeine Zeitung, 28. 10. 1956
216 Frankfurter Allgemeine Zeitung, 28. 4. 1956
218 Frankfurter Allgemeine Zeitung, 29. 6. 1957
221 Frankfurter Allgemeine Zeitung, 13. 3. 1959